將就的日子，更要活成自己喜歡的樣子

徐竹——著

〈自序〉

生活給你壓力，你就還它奇蹟

猶記得著名的英國Queen樂團（皇后樂團）早年有一首知名樂曲《Under pressure》，歌詞內容已經詳細述說著關於壓力下的情緒。

Pressure pushing down on me

壓力，降臨在我的身上。

Pressing down on you no man ask for

降臨在你的身上，（沒人想要它）

Under pressure - that burns a building down

壓力，可以壓垮房子，

Splits a family in two

分離家庭，

Puts people on streets

讓人們流離失所。

演唱時，不僅主唱本身，連同台下數以萬計的觀眾，都能透過音樂恣意釋放壓力。透過音樂的旋律嘶吼，的確能達到歌曲訴求的宣洩，也難怪這首歌能傳唱數十年之久。從八〇年代的樂曲至今，我們似乎擺脫不了「壓力」。現今的社會就像這首歌一樣，壓力不斷的往身上壓，不單單承受著個人生活、社交與感情的壓力，還要承受經濟、政治、環保等社會與國家政策上巨大的衝擊，似乎沒有人可以獨善其身，活得自由又自在，即使是再遲鈍的人，都能感受那股來自四面八方的壓力。

人生中的種種壓力，很容易讓我們一天一天只有「活著」而屈就於生活，過將就的人生。

「婚姻嘛，不就是那回事，不就是兩個人湊合著過嗎？」

「就這樣吧！我獨善其身好了。」

有些人變得很冷漠，對周遭環境不聞不問，有些人試圖鑽進蠻荒世界，嘗試過著野人一樣的生活，不與任何人接觸。但這些畢竟都是短暫的，在短暫「享受」自由的空氣之後，還是得回到現實世界裡，重新面對你所逃避的一切事物。

在每一個生命的環節，不管我們喜歡不喜歡，多多少少都會帶給我們壓力，只是情況的大小不同而已。我們既然無法永遠甩開，就學習如何去面對，運用我們的智慧去應對每一種壓力。

每個人能承受壓力的力度不同，有人面對較大壓力時會秒崩潰，可是有些人在面對壓力時卻仍心安心定、哼曲以對，猶如把自己置身於「超現實」的想像空間。這是因為每人選擇不同的態度去面對問題與挫折，也因而就造成了壓力影響身心程度的輕重之別。

壓力的來臨正好可以考驗出一個人的智慧。你可以讓負面情緒無限擴張，也可以選擇用另一種灑脫的心情去面對，讓事情產生不同的結果。

面對壓力需要有適當的宣洩管道，面對挫折與失敗時可以讓自己稍作休息，但不是一蹶不振，把自己關進牢籠裡，任壓力折磨自己，這樣不僅對個人身心與事件本身都沒什麼好處，而且長期沉溺於「害怕失去」、「息事寧人」、「不願付出努力」的消極心態中，對於生活、人生，你只

想將就，以為降低標準可以更容易地得到自己想要的結果

可是，

不合適的鞋子，將就著穿，痛的是自己的腳；

不合適的衣服，將就著穿，彆扭的是自己的身體；

將就了愛情，卑微的是自己；

將就於友情，委屈的了自己；

將就工作，迷失的是自己，

你註定不會心想事成。

撰寫本書的時刻，正值國際政治事件的紛紛擾擾，讓人看見最美好的人性，也看到最醜惡的一面。很欣喜有些人即使面對他們無力扭轉的局面依然懂得「苦中作樂」，我想這正是展現人性光輝的最佳寫照！

我在書中提供一些我自己面對壓力的看法以及做法，希望能以客觀的角度來提供一些觀念，讓我們不至於在壓力下走偏，而是勇於面對壓力，適時自我抒壓，在不得不將就的生活裡，不對自己妥協，不做一個不斷將就的人，活成自己喜歡的樣子。

目錄

PART 06 —— 活成自己喜歡的樣子

PART 01

艱困才知幸福之所在

艱困才知幸福之所在

最近看了一些視頻，發現有不少歐美國家的年輕人遠渡重洋，跑到生活水平差異極大的國家、區域，去尋找及膜拜所謂的「心靈導師」。先不管這位導師所開釋的內容為何，光是這樣的舉動就讓我覺得人心的不安定。

多年前我因為Peter Hessler（何偉）的著作《消失中的江城》而認識「壯遊」一詞，傳統上，空檔年（在入讀大學之前的空檔年，以十個月的時間，甚至更長）就是歐洲年輕人「轉大人」的階段，他們絕大多數人會藉由出國壯遊（Grand Tour），來完成這項成年禮。壯遊不是流浪，壯遊有三個特質：旅遊時間「長」、行程挑戰性「高」、與人文社會互動「深」，用自己的筋骨去體驗世界之大。

當世界為了創造更便利、更美好舒適的生活而致力於科技的創新與發明時，卻有不少人前往落後的國度，追求所謂「心靈的提升」、獲知「我是誰」、「此生所謂何來」等的答案，甚或有些人跑到「鳥不生蛋」的地方，體驗一個人的孤獨，回到原始人般的生活方式，過著鑽木取火、獵捕鳥獸維生的生活。

多年前在海外旅行時，我遇到遠從瑞士來的旅行者跑到第三世界定居，剛開始難以理解，因為印象中我們總是對瑞士那樣的國家，描述得像「天堂」一樣。套句俗語來說就像：「天堂有路你不走，地獄無門闖進來」，形容這般恰當。不過當從他們口中聽到說明候，我也覺得聽起來很有道理。

「因為我們國家太無聊了，所以想來追求刺激。」我的瑞士朋友回答。

那他們得到了什麼嗎？從他們臉上的笑容，相信已經找到很好的答案了。

另外，我遇過一位剛從亞馬遜叢林探險回來的荷蘭青年，他告訴我：

「當你置身在大自然中，只有你一個人，可以聽到連自己的呼吸心跳都跟著大自然的節奏同步。」

一個人獨自闖進荒蕪的叢林，想透過踏上大自然的冒險旅程，展開布一樣的人生，或尋找生命的真諦，相信不是大部分人能辦到的。但他卻非常驕傲自己有這樣的經歷，並且覺得收穫良多。這正說明了為什麼有那麼多人喜愛冒險的原因。往往在最危險的地方，我們才能夠體會到生命的可貴與美妙，也往往在最艱困的環境中，讓我們更懂得珍惜身旁一點一滴的幸福。

生活於安逸舒適圈的人，容易忽略身邊的幸福，將一切視為理所當然。想想我們是不是經常抱怨得多、感恩得少，總覺得別人對自己做得不夠多，誰又虧欠自己了。

我們浪費了許多時間去埋怨，卻少有心情去品嘗事物的美好。我們背負著經濟的重擔，汲汲營營地賺錢，再努力把這些錢消耗掉，就像落入一種無止盡的循環之中，還經常嫉妒別人過得比自己還要「爽」。

「要珍惜」、「要惜福」猶如耳邊風般，轉過頭去就全忘了。

物質的欲望像是一個無底洞般，掏盡我們所有的精力與時光，為了追求感官的享受，以攫取金錢為人生唯一的目標，但我們卻沒有任何想停歇下來的動作。在追求成功的過程中，是否還會想到：我們究竟犧牲掉什麼，相較之下值得嗎？許多壓力的來源其實就來自於我們不懂得珍惜，於是給自己找了更多的麻煩，接著抱怨自己「好有壓力」。

在我們抱怨「壓力大」的同時，你也會發現習慣幸福生活的我們，將目前所擁有的視為理所當然，只要損失了一點點生活日常習慣的事物，就覺得天崩地裂般焦躁不安，甚至認為自己感受到的幸福很少，挫折的事情卻是一籮筐。這就像是被寵壞的孩子一般，總是希望擁有「最好的」、「自己應該是最被關注的那一個」。

當你看到以下新聞：爬山迷了路，走了幾天幾夜身上的食物都吃光了，連渴望喝到一杯乾淨的水都是奢求的山友；在天寒地凍的地區車子拋錨，無法動彈、車上暖氣也無法供應，多麼希冀有一件保暖棉襖的駕駛。你有什麼感受呢？

身處舒適圈日常裡的我們，可能覺得只是無關痛癢的事情或是那就是新聞事件，根本不屑一顧，因為你的衣櫥裡總是塞滿了快爆棚的各式大衣，有開水還不願意喝，非得要喝有滋有味的飲料不可。

所以當我們遇到困難挫折，走上最艱難的道路，才能深切體會到曾經擁有的幸福，也才看得清什麼是該珍惜、什麼又該放棄。少點抱怨跟責難，你必能從艱困的環境中學得更多，也更能體會到什麼才是真正的幸福滋味。

「生活的本質，就是千難過去還有萬難」，可不經一番寒徹骨，焉得梅花撲鼻香。所以，不管如何披甲上陣面對生活所給的考驗吧！

先找最重要的事去做

你是否常覺得自己像是無頭蒼蠅般忙忙碌碌找不到方向呢？好像很努力去做一件事情卻怎麼也做不好？工作及報告堆積得像山一樣，怎麼也處理不完？家庭與工作兩頭燒，每天窮忙而無所適從？

聽起來像不像是舒壓按摩椅的廣告台詞？但事實是，以上的狀況的確常發生在我們現實生活中。

有時候總會覺得忽然所有事情擠在一塊，任憑你有三頭六臂都處理不完，感覺像是被時間追著跑，卻一事無成。這時不禁產生一股焦慮感，感覺自己活在重重的壓力之下。

剛出社會時，因考慮收入和支出，找了一個便宜的出租房，是個屋頂的閣樓，空間不是很大，而樓下住得就是房東夫妻。在我們樓層之間有個開放式鐵製夾板，雖然已經鎖死，但只要靠近那個夾板，樓下的聲音可以聽得一清二楚。其實自己也不是故意要去偷聽，而是那塊夾板底下每每傳來夫妻的吵架聲，讓人不想聽都不行。

「你今天又跑去哪裡了？為什麼這麼重要的帳單沒繳？」

「啊！我忘了！」

「忘了？你有一整天的時間，到底在做什麼呀？」

「你跑到哪裡去了？我在站牌那裡等了你一小時，到處找不到你。」

「啊！我在超市買菜，買著買著就忘了時間。」

當聽到樓下太太一講完，連我都緊張起來了，很怕發生什麼家暴事件。整個感覺就是那位太太像無頭蒼蠅似的忙東忙西，又常常把重要的事情給忘了，夫妻倆幾乎天天為瑣事吵翻天。

不過我大概可以理解那位先生的火氣不是沒來由的。連我要繳房租時，在樓下遇到房東太太跟她約了什麼時候拿給她，卻總是撲空，甚至跟她說十分鐘之後會拿下樓給她，她都有辦法忘了叮嚀，而在這時間裡出門。

又過了一段時間，樓下不再出現爭吵聲，原來是房東先生離家出走了，作為二房東的房東太太也無力支付房租要搬走，於是結束了我膽戰心驚的日子。

在我們的周遭常常能發現一些沒有目標、沒有方向、沒有規劃的人，整天忙忙碌碌，做了大量無意義的事情，而使得生活混亂、令人覺得他不靠普。

「沒有方向的忙碌和努力不過是感動了自己，卻沒做成真正核心的事」，先生生氣太太沒把事做好，太太委屈自己忙了一整天還被罵，不管誰對誰錯，雙方都承受了無比的壓力。我不知道他們搬走之後是否還有復合的機會，只期望這位房東太太能改變自己的毛病，開始新的人生。

我從這個故事中想表達的，就是那種經常會陷入瑣事纏身的壓力。對於有些人就是會一天到晚不知道在忙什麼，你真正問起，對方還說不出個所以然，然後忙著各式各樣的小事，卻把最重要的事忘記了，於是看起來高不成低不就瞎忙一通。

這些人是因為懶惰嗎？不是。仔細觀察，你會發現他們比誰都還勤勞，但問題就是別人一小時可以完成的事情，這種「無頭蒼蠅」似的「大忙人」可以耗上一個上午或一整天，也就老是在趕進度。效率對他們來說是陌生的字眼，也因此別妄想要他們完成什麼「大事」了！

「人生就像一杯茶，輕重緩急要瞭然於心」，喝慢了，沒味道，嘗不到茶的清香；喝急了，會嗆到。不懂得處理事情的輕重緩急，很容易讓我們陷於事情怎麼忙也忙不完的壓力，讓自己困在瑣碎的枝節中，看不到遠景。停下腳步，讓自己沉澱下來，為生活理出頭緒，找到真正的目標，學會給這些目標設定優先順序，學會控制時間，讓我們都成為一位真正在忙的人，讓我們每一天都有所進步與收穫。

“

越忙碌，越要有方向。從大事著眼，才能真正讓人可以從繁瑣的壓力中走出來。事情有輕重緩急，先搞清楚優先次序，就不會老是被一些瑣碎的事情所困住。

”

別一味追求超乎自己能力的事

很多人應該會發覺我們的行動力總是追不上腦海裡所想像的。好像要做的事一大堆，腦中思緒繽紛，但真正能實踐的卻少之又少。即便有著雄心壯志，到頭來卻發現自己一事無成，這到底是怎麼回事？

難道是我們不夠努力，還是錯判情勢？

很多人容易設定太多目標，這個都還沒完成，就想做下一個。想做的事情加一加也不少，於是這裡做一點，那邊做一點，好像總是忙不完，到最後什麼成績都沒有。

當然「想像力」確實帶給我們許多的創意，但是太多的念頭，卻令人疲於應付，然後念頭還越來越多，直叫人想了都快崩潰——這就是行動力趕不上想像力的印證。

當我們看到別人的成功，希望自己也能複製，甚至超越，卻往往沒有先對自己有所了解，沒有秤秤自己的斤兩就貿然行動，最後自然會落得失望的下場了。

別高估自己的能力

每個人都有能力範圍內能做到的事情，如果你看不清楚自己的能力在哪，而給了自己過度美化的目標，自然會成為巨大的壓力來源。不僅最後一事無成，還可能嚴重打擊自信心，造成自卑心作祟。畢竟每個人都有自己的優缺點，不去注重本身優點卻光看他人的長處而想效法，當然挫折感就會自然產生。

雖然你可以相信「潛能」這種東西，但要達到超越能力的目標也需要慢慢培養，就像運動員的訓練一樣，是運用一次又一次挑戰自己的成績來達成，而不是一下子把目標設定在超乎水準之上。

將目標設定過高的結果，往往容易使人半途而廢，連最基本的目標都跨不過去，又何況做到超乎自己能力之外的事呢？

拋掉一些雜亂無章的念頭

很多事情想看到成果，按部就班、刻意練習很重要。或許你不可能一下子獲得巨大的成就，但一點一滴累積，最後必然能有很好的結果產生。

我們從每一個階段達成小小目標之中，得到滿足與自信，這是前進的動力。當我們證明可以做到，就更有信心朝下一個目標邁進。你要明白，任何的成功都不是一蹴可及的，當我們累積出自信，自然更能克服挫敗的心理障礙了。

定時來個思緒大掃除

我們腦袋裡的想法也像居家環境一樣，需要定時整理。累積太多的雜念，不只對心理是一種負擔，行動也會因此茫然而失去方向。那些紛亂的思緒，可能蓋過了最需要努力的那一塊，讓我們無法走在正確的道路上。

整理想法，將不好的斷捨離，才能清理出空間讓更好的事情進來。在追求理想的過程中不是盲目的，而是經過不斷的修正，調整到最適合的方向。

最後，不要太苛求自己，凡事盡力而為就是對自己的交代。不管結果如何，別把自己想得無所不能，也別輕易貶低自我。把壓力轉向正面的能量，讓你好還要更好，終能達成心裡的目標。

”詹姆斯・克利爾說：「如果每天都能進步百分之一，持續一年，最後你會進步三十七倍；相反地，若是每天退步百分之一，持續一年，到頭來你會弱化到趨近於零。起初的小勝利或小倒退，累積起來會造就巨大差異。」成就是一點一滴累積而來，一下子把目標定得太高反而越容易半途而廢。“

不要讓自己停下來

有人說：「休息是為了走更長遠的路」，但對於積極的人來說，有時未必真要停下腳步，只需暫時去忙其他的事，特別是當發現自己的人生被困住的時候。

路不是只有一條，有時我們不過是稍微繞遠一點，卻能發現柳暗花明又一村，生活有無限的可能性，而不是你汲汲營營在一條「此路不通」的道路。

許多的好運總是發生在意料之外，就像俗語說：「無心插柳，柳成蔭。」的道理一樣。山再高也有爬上去的方法，只是要多花點時間而已。只要有心堅持下去，就沒有無法達到的目標。

阿志眼看快要爬上經理職位時，被臨時的「空降部隊」打敗了，所有人都看著，也預期那個位置應該是阿志的沒錯，怎知會突然殺出個「程咬金」，這個人還是老闆的親屬，說什麼也是徒然。

眼看自己在公司的職位不上不下之際，阿志最後做了一個大膽的決定：離職。

離開公司之後，他過了一段低潮時期。對未來感到茫然。某天出門走走時巧遇一位從事園藝的老同學。剛開始他只是被那些百花齊放的花圃吸引，不知哪裡來的一股衝勁，竟然打算跟這位老同學合作。老同學的生意正面臨風雨飄搖，正考慮放棄，看到有人願意接手非常開心。

「我將花圃頂給你，我想下山去找頭路！」阿志的同學爽快的說。

於是阿志順利接過對方的花圃，開始認真研究起來。很多朋友向他勸說，新事業與他原先從事的金融業根本是兩回事，當消遣就好，何必那麼認真？

但阿志是個一旦開始動起來就十分投入的人，他不僅學習植栽技巧、如何成為一個好園丁，甚至把這片花圃當成事業來經營。沒想到，原本只是一閃而過的念頭，卻讓他找到事業的另一片天空。

他的花圃生意越做越好，月營收早就超過當初上班的兩三倍了，而且還是他喜歡做的事情。

作家崩井（Soulswell）最有名的金句：「『安於現狀』就像穿著一雙破洞的鞋，不到暴雨的日子，你都意識不到自己裝備不足。」我們永遠不知道自己能做到什麼地步。如果不離開原本的舒適圈，你可能以為你永遠都得待在那個環境，不管情況再糟糕你都得忍受。這不僅僅是一種折磨，更是個人能量的一種消耗。

我們遇到工作乃至生活上的瓶頸時，你能做的就是暫時走開，給自己喘口氣的時間，但是這並不代表逃避。你可以試著暫時把精神放到別的事物上頭，算是為自己找尋另一個可以放鬆的方式。

「心累的時候，換個角度看世界；壓抑的時侯，換個環境深呼吸；困惑的時候，換個位置去思考；猶豫的時候，換個思路去選擇。」先不要給自己太大的壓力、過度的期待，有些事情反而會在你沒有預期的情況下，有了意外的收穫。

即使沒有意外收穫，至少你收到放鬆的舒適感了，再回到原先的工作軌道，也會有不一樣的心態。如果意外開創了另一條出路呢？那又是一個

「驚喜」！

當你停下來什麼事都不做時，只會讓腦子胡思亂想，甚至那些負面的情緒會不斷膨脹。因此替自己找些事情做，不管是跟本業相關的事或只是興趣而已，都可以改變我們的心境，重新點燃生命力。

這就像我一個朋友所說：「她期許自己每天都保持著充沛的能量。」於是你很少看見她沮喪的模樣，總是活力充沛替自己安排許多事，一刻也閒不下來。

路是人走出來的，相信「條條大路通羅馬」，只要你知道自己的人生目標在哪裡，不管做什麼都會朝那個目標前進。我們不浪費生命，總是珍惜每一個機會，機會就會找上門來，而不是在緊閉的大門前蹉跎歲月。

”

歐普拉曾說：「人生沒有所謂的失敗，失敗只是人生企圖讓我們換個方向。」找尋其他的可能性，也是給自己更多突破的機會。

“

成長是一場和自己的比賽

我們有一種很大的壓力來源是來自於與他人的較勁。當自己以為很不錯時，只要跟別人一比較，瞬間又失去信心了。

「人外有人、天外有天」，如果愛比東比西的話，是永遠比較不完的，總是有更厲害的人出現，甚至「長江後浪推前浪」，不管你再好都有可能會被超越，這樣的壓力可能無窮無盡。

這不是意味我們要把自己關在象牙塔裡，自我感覺良好，而是要改變一種觀念就是：你要跟誰比較？

在剛起步時，的確你可以把比你厲害的人當成追趕的目標，當一次又一次達到目標之後，也證明你已經進步了，那是一種成就感。當你站穩腳步時，就該跟自己較勁了！

「成長是一場和自己的比賽，不要擔心別人會做得比你好」，你的人生不需要那麼多觀眾，你只需要跟過去的你做比較，不時停下來檢視自己：究竟有沒有比昨天變得更好，還是更壞？

特別是當你的成績達到一個階段時，這時外界的掌聲往往令你迷惑。有些人守不住成就，迷失在那個光環中，導致墜落的開始，這都是因為失去一個目標，那些曾經讓你充滿鬥志的方式。

知名的天才音樂家莫札特，小時候便隨著父母四處巡演，登上舞台，十一歲便寫了一齣歌劇，但他早期的成功並不持久。這位有著「樸實、痘痕面孔」的成年天才，居然連法語都不太會說，只能離開上流社會，直到花光所有的積蓄。

對莫札特不離不棄的母親一直陪伴著他，最後因不堪重病而去世，莫札特因而不被父親所諒解，認為是他害了母親。落魄的莫札特孤苦伶仃的只能屈就在家鄉一份宮廷風琴師的工作。

回到家鄉的他並不快樂，他想做更多的事，他曾寫下：「在這樣一個赤貧的地方，無所事事地度過一生真是非常可悲。」直到一七八一年莫札特移居維也納後，生活才發生了戲劇性的變化，把他推向國際舞台，成為知名的音樂家。

即使是一個天才，曾經受到無數掌聲的人生勝利組，依然會有他的挫折，更何況是我們凡人呢？當環境迫使我們從高處墜落時，你將如何自處？

不服輸的人懂得力求突破，找尋適合自己的方向，因為他們知道自己不該如此，而是振翅高飛，遨遊於屬於他的世界裡。

只有我們自己知道，自己的能耐在哪裡，還有更多現況有待突破。我們要永遠要記住：自己就是自己最大的敵人，也是最大的競爭對手。因為人的天性會懶惰、自滿、驕傲，這些都會對當下的生活造成強大的殺傷力。當我們開始縱容自己，就會慢慢蠶食了我們的幸福。唯有不斷求進步，自我要求才能為自己創造更好的未來。

所以我們應該給自己壓力，那是一種自我激勵的方式，讓自己好還要更好，唯有你自己才懂得你要的是什麼，一步步達到想要的目標。

源於對自己人生的規劃，永遠不要停止變成更好的自己，那是你所要追求的極致目標。

別讓生活亂了步調。要知道未來是掌握在自己手中，你是最了解自己的人，而不是他人的評價。不管你現在處於什麼樣的位置上，只要比過去的你更好，那就是一種莫大的成就。

“每個人都是獨一無二，都是獨具特色的，比較根本比較不出成敗。每天進步一點點，終究能讓你變成更好的人，也終能達成你的理想。”

想像力與執行力的距離

英文有個詞叫：「Day Dreamer」，形容的就是白日夢者。當然我們會欽佩一些夢想家，但如果你所有的夢想都只停留在腦海中，那麼就跟這個英文名詞沒什麼兩樣。

充滿想像力當然是好的，也是許多藝術家創作的來源，甚至是創業者也需要想像力來完成目標。但如何把想像力化為實際行動，中間卻是星球和星球間的距離。總而言之，想像是不需要承擔任何的壓力，天馬行空隨你奔馳，不會有任何失敗和批評。可一旦落入執行的過程，所有的壓力都會接踵而至，種種有待克服的障礙決定了是否能落實的關鍵。

這也是成功與失敗的分別。

成功者具備的是一種執行力，懂得如何把點子化為實際行動，而白日夢者就永遠只是讓點子一閃而過，失去掌握的機會，命運從此大不相同。

世界上許多成功的創業者或科學家，他們都懂得把一個靈感化為行動，從中發想鑽研，排除一些漫無邊際的空想，經過一而再、再而三的實驗，即使碰到挫折失敗，也能努力找尋方法克服。他們所承受的壓力是一般人無法想像的。當然，他們也可能失敗，但為了成功，壓力讓他們往前衝，直到壓力卸除了為止。

面對挑戰也是克服壓力的一種方式，可以逼出人的極限，這就是一種成就。就算最後也可能失敗，但至少嘗試過，從中學習得到的經驗智慧，可以做為下一次成功的起點，這也是一種收穫。

我們經常會聽到「時不我予」、「這點子我早就想過」等等的藉口，千萬不用太訝異。因為一個很普通的人，可能也有過跟「比爾蓋茲」或「特斯拉」一樣的點子，所差的就在有沒有去行動，成就當然就天差地遠了。因此當你抱怨自己為什麼比別人聰明，但成就卻比人差時，恐怕最需要反省的是，你在執行力上是否輸了別人一大截？

害怕壓力、無法克服心中的恐懼，所選擇的往往就是什麼也不去做，這樣至少沒有風險，生活會變得比較容易些。這就是為什麼大部分人都是「普通人」，成功者只有少數。一味逃避問題，害怕失敗，那麼永遠也不會達到你所理想的人生。其實每個人都有未開發的潛能，而壓力是最好激發這股潛能的力量。

你可以選擇平坦的道路，但那裡往往人潮擁擠；走上崎嶇難行的道路，也許你會找尋到另一個無人發現的桃花源。世上沒有白費的努力，也沒有碰巧的成功，即便道路再崎嶇難行，只要堅持了努力了，成功的果實，終將會被你挖掘出。

只要謹記，已經被眾人鋪好的大道，永遠發現不到什麼驚奇，那只是讓你跟別人沒什麼不同，但選擇一條很少人或是沒人走過的路，披荊斬棘之後，你就是開創者，可以完全獨享成果。

成為一個白日夢者比較容易，積極的行動者卻困難重重，但結果大不相同，你會選擇哪一條路呢？

「白日夢可以有，但你不能只做白日夢，行動才能帶來成長，放下包袱，掙脫束縛，勇敢邁出第一步，才能把夢想變成現實。」

你需要的只是多點耐心

有人說：「時間是最好的良藥。」「時間會沖淡一切。」生活中我們難免會摔一跤、被人傷透了心，當下聚集各種負面念頭，甚至覺得人生已經來到盡頭，種種想不開的念頭或許多少都曾有過，但當一段時間過去再回頭看，總會莫名心驚：當時的自己怎麼這麼傻呀！

的確如此。很多困住我們的事件，會隨著時間雲淡風輕，包括那些悲傷、傷人的話語，只要我們扛得過，那些挫折漸漸地就會被深深封存在記憶底層。

最糟的是有人卻不肯讓它過去，不斷重複舔蝕傷口，以至於傷口越來越嚴重而毀了自己的人生。

不管面對的是怎樣的困境，只要有心，一切都可以解決，而你需要的只是先讓自己沉澱，不要糾結在那個當口上。試著告訴自己：沒有過不去的事、也沒有撫平不了的傷痛，你需要的不過是多點時間。

讓時間淡化那些負面感覺，也讓自己有時間去學習如何再站起來，這才是我們人生所要學習的課題。

一位朋友的前男友結婚了，新娘當然不是她，但她始終放不開，充滿感傷的提起了導致分手的過往。他們的分手過程就如華劇一般狗血，不過是一連串的誤會而造成。

某天我這位好友與男友約會時，男友忽然接到一通電話，他的神情顯得很緊張，回頭對好友說：

「我媽要我拿個重要的東西給她。她現在在醫院照顧我阿嬤，人走不開。」

「那我跟你一塊過去。」女孩回答。

男生卻沒有答應，只匆匆丟下一句：「妳過去不方便，我去去就回，妳等我！」

男生走了，女生卻在原地等了又等，時間一分一秒過去，都過了快一個小時男友還是沒回來，這時女生的一位朋友卻出現了。

原來那是以前的國中同學。

這位男生正要去參加共同好友的聚會，熱情的拉著女孩一起過去。

「可是我在等人。」

「你等多久了？」

「一個小時了。」女生支支吾吾的回答。

「都等一個小時了，對方不會回來了啦！」

女生猶豫了一下。

「妳知道有一個老同學回國了嗎？這麼久沒見面你不想念她呀！」

朋友最後一句話終於打動了她。她想著：就去一下下，待會兒再趕回來就行了。

沒想到，當她與同學前往聚會的途中卻剛好看到男友在一處屋簷下和一個女生聊天，兩人狀似親暱。剎那之間，她的腦袋彷彿受到重擊似的，久久回不過神來。

就在女生坐著摩托車呼嘯而去時，她萬萬沒想到男友也注意到了，默默望著她消失的背影，心中有說不出的惆悵。

一場誤會就此產生。男生以為女友背地裡偷交了男友，女孩也以為男友騙了她，溜去和其他女生約會。為了氣男友，她故意拉著當時載她的男生一塊出遊，甚至還刺激男友說：「我懷孕了。」

事情發展得越來越偏離軌道，女孩的男友也跑去交了一個新女友，兩人就此分道揚鑣。

好友和那位載她的朋友走在一起了，最後也結了婚。只是，心裡的那的坎，卻一直過不去。

她坦承那個婚姻根本不是自己想要的，她只是想刺激前男友，直到現在她還深深愛著對方。

這段姻緣注定沒有完美的結局，然而是誰造成的呢？你可以說雙方都沒誰背叛了誰，錯的只是陰錯陽差，以及後來兩人錯誤的處理方式。

當我們失去理智時，所有的決定往往都會讓情況變得更糟。因為你的情緒已經支配了你的理性，唯一能做的就是給自己多點時間冷靜下來，才不會造成一時衝動所犯下的錯誤。

有些懊悔與遺憾是來不及彌補的，有些狀況發生完全不是我們所能掌握的，因此，我們能做的是不被當下情緒所支配，而造成錯誤發生。經過一段時間回頭去看，你會發現根本沒什麼大事，而且從中你會知道遇到這類問題時，妳可以如何處理，以避免下次同樣問題再發生。

”痛苦帶來成長，我們需要的只是讓時間去撫平它，而不是去跟它纏鬥。這才是我們經歷磨難所應該學到的，這樣才不會白白走那麼一遭。“

該是止血的時候了

有時我們的壓力來源倒不是關於成功或失敗，而是因為不斷的損失。最具體的就是「感情」。如果不幸愛上一個麻煩的傢伙，從開始的「良人」經過時間考驗，慢慢露出真面目，證明了只是個不斷透支你精神、財力的「軟爛男」時，這時的壓力當然是非同小可。

月玫的狀況應該跟許多渴望愛情的女生一樣，她嚮往著愛情的美好，但也十分謹慎小心。在千挑萬選之下，她選擇了阿彬。

阿彬是個稍有才華的男生，從事的是設計工作，人也帶有些藝術氣質，能說能唱，幽默的言行很快擄獲了月玫的芳心。

當好友家人知道她的男友是從事藝術工作時，紛紛勸阻她別太衝動。「小心別顧了愛情卻沒了麵包。」家人這麼勸說著。

「才不會呢！」

月玫很堅持自己的眼光沒有錯。因為阿彬看起來收入不錯，有房有車，人又風趣，這樣好的條件要到哪裡去找呢？

為了堅定跟阿彬的感情，月玫還搬離開家裡，跑去和阿彬住在一起。沒想到剛跟阿彬提到同居的問題時，阿彬還猶豫了一下，雖然最後兩人終於同住在一個屋簷下，但真相慢慢浮出水面。

原來阿彬住的房子並不是他所有，而是跟朋友借住的，而那輛經常接送她的車子還是前女友留下的。當前女友知道阿彬有了新歡之後，就把車討了回去。月玫又回到擠大眾交通工具上下班的日子。

月玫沒有喊苦反倒是阿彬開始抱怨：「你先墊錢買個車吧！我常常要出差，沒交通工具很不方便，加上我們有時也要出去玩，有些地方交通不方便，難道還要站在路旁等公車嗎？」

經不住男友一而再、再而三的請求，月玫只好把存款拿出來再加貸款買了一輛車。但是貸款、油錢、保養費都是月玫支付的，漸漸讓她心生不平了。

在經過一段時間後，阿彬的朋友也把房子收回去了，兩人只好去租房子。恰好那時阿彬丟了工作，連租房子的錢都是月玫支付的。這對於只是上班族的月玫來說經濟上有不小的壓力，不得不開始向銀行借支。一個月、半年過去，男友似乎過慣「閒雲野鶴」的日子，也不去找工作，幾乎所有的開銷都落到月玫身上。

眼看自己已經債台高築，月玫開始緊張得跳腳。某一天她加班到很晚，當要求阿彬來接她時，卻聽到他說：「我還在睡覺呢！你自己搭車回來吧！對了，記得順便買一份宵夜，我肚子餓了！」

這句話成了壓垮駱駝的一根稻草，月玫似乎已經找不到繼續跟他走下去的理由了。

我們很容易陷入一種自我催眠，過度的感情用事，因此聽不進別人告訴你的真相。即便你有所懷疑，或是曾經動了放手的念頭，但時間越拖越久，卻越難痛下決定。這除了習慣，還有一種時間報酬率的不甘。多半的人會想到：「我都已經投注了這麼多寶貴的青春，萬一放手我還能找到更好的嗎？」

「我投入了這麼多感情、金錢，一旦分手不就像丟在水裡，什麼都沒有了！」

事實上，歲月、物質是讓我們無法放手的最實際原因，而感情上，總會因為那些曾有過的美好回憶而讓人心軟。但更重要的一點是你可能沒想到的，就是「未來」。

如果什麼都要拿來「計算」的話，有時一個不好的感情、不對的工作，及早脫身往後幸福的機會反而更大。糟糕的環境與不好的人只會讓我們墮落，最後對於這些人與事習以為常，那就再也難以翻身了。

這並不是說當遇到難關我們不需要嘗試，而是當你努力一次又一次，你能改變自己卻改變不了對方（或職場氛圍）時，還不如另覓新的戰場來得有希望。

改變需要勇氣，但你終究是會習慣的，總比習慣一個不幸的未來來得好。

”

有些事情，你會發現自己投入得越多，收穫卻不見得會越來越多。可是，「害怕損失的人，往往最後損失最大」，及早止血及早翻身，因為你不知道不幸的盡頭會在哪裡。

“

尋求真愛

這世上有太多的謊言，包括友誼、愛情，這些值得我們珍藏的感情，往往落入詐騙分子手中，把我們的生活搞得烏煙瘴氣。我們該如何找到真摯的情感，這是現代人渴望，也是人們一直追尋的目標。

或許因為網路媒體的發達，人與人的接觸頻繁，但實質上的距離卻拉遠了。往往我們傾訴的對象，卻是生活上跟我們毫無瓜葛的陌生人，但是我們卻可以掏心掏肺告訴對方一切，反倒是對身邊的家人冷漠以對，這是一種人際關係上的轉變。

但就是因為隔層距離，也提供了歹徒最好下手的機會。

常常可以看到在網路上痛失錢財的例子。當一位旁觀者時，往往會匪夷所思，甚至嘲笑他們：「怎麼這樣傻，把積蓄都匯給陌生人呢？」但對當事人來說，他們投入的情感不是一般人所能想像的，他們已把虛幻當成真實，吞下了包裹糖衣的毒藥而不自知。

這絕非一朝一夕所形成，有時候網路上的戀愛也像真實人生一樣，需要時間相處。反觀我們就算在真實人生中，難道不會遇到如同網路上的愛情騙子嗎？

答案當然是肯定的。所不同的是這些騙子更需要高深的技巧，包括說謊面不改色、行蹤飄渺不定等等需要更多的偽裝，而不是光憑一張帥哥美女的照片就可以暢行無阻。

其實感情的騙子一開始不是沒有軌跡可循的：他們總是有著華麗的包裝，充滿美得冒泡的言詞，他們看似條件很好，是許多女生夢寐以求的白馬王子類型，卻獨獨把目光落在你的身上，怎麼可能不讓上鉤的女人受寵若驚呢？以為自己像是幸運兒一般。

其實他們不過是像老鷹一樣瞄準一個獵物後，緊緊將對方攫住。當然他們的目標不會只有一個，只是在你面前製造出「唯一」的假象。

愛情騙子並不是男生的專利品，女性也不乏這類型人物。

我曾認識一個女生就是這類標準的「蛇蠍女」，從男人那裡得到了金錢跟勢力，然後一個換一個，當她的財富累積越來越多，對這樣的行徑就像上癮似的。而跟她在一起的男人後果呢？

聽說都不是很好，有的破產、有的家破人亡等等，下場都慘兮兮。

當然你說這種人會不會有報應？當然會有的。但你可能等不到對方被報應，自己已經一無所有了，還被傷透了心，這對自己而言是相當不值得的。

要是能避免走這一遭豈不更好，為什麼要讓自己成為無辜的「犧牲者」，成為別人成功的「墊腳石」呢？

高掛在天上的星星誰不愛？但是清醒一點吧！生活本來就是現實的，在追求一個夢寐以求的對象時，不如回頭先看看自己的本錢，玫瑰多刺、路旁的小花也有其可愛之處，人不是光憑外表去衡量的，還包括許多內在、家庭環境與相處的契合度等等，這才是最寶貴的。

如何去分析一段感情是否真誠，是否真正值得你珍惜呢？最好的判別方式就是：一段真摯的感情會幫人生加分而不是扣分。真心愛你的人不會善於偽裝，他們或許不懂得甜言蜜語，但卻能對你做出最真心的建議和幫助。

良好的關係是兩人共同成長，而不是誰去毀滅對方。當你發現這段感情帶給你莫大的壓力，你總是被迫去成為對方要求的那種人時，不如停下來好好想想，究竟你們兩人的未來，會是福還是禍？千萬別被一時的愛情迷惑，而替自己種下了惡果。

“真愛就像白米飯一樣，看似平淡無味，卻越嚼越香，不會帶給你壓力，而是帶來彼此的成長。”

PART 02

壓力的源頭

嫉妒之心

「你看阿香嫁得真好，老公有錢又疼老婆，孩子還考上名校，真是『人生勝利組』呢！」

「阿松做生意可成功了，有了豪宅、名車，也娶了貌美的嬌妻，真是厲害！」除了過年親戚們一起圍爐吃飯之外，最愛比較的場合莫過於「多年後的同學會」了！

一群八百年沒見、生活中早已沒有交集的老同學聚在一起，似乎一開頭的話題都離不開「比成就」、「比家庭」、「比財力」等等。如果你不是一般世俗標準裡的「成功人物」，總是會感到一股莫名壓力，甚至很希望可以馬上消失在這群人當中。

在這樣的場合，如人飲水冷暖自知。總是有些人被捧上天，而一些人卻像是坐冷板凳一樣被孤立於一旁，要是沒有人點名，可能還沒有人發現他的「存在」呢！這跟你預期中的「老友相見」可能是差之千里。

當人們互相不了解時，也只能以膚淺的表相來衡量一切。說穿了，這樣的聚會真的毫無意義，除非你就是表面上會被讚揚的那種人，或本來就帶著某種利益而來。

那些被捧上天的人們，也只能暫時替自己帶來些許的安慰，卻給旁人帶來巨大的壓力，生活並不會因此而有任何改變。

沒有人會問那些看似「功成名就」的背後因素，也沒人去過問那些財富是如何取得，可是卻因此增加了某些人的自卑和妒忌之心。在人的一生中，除了成就的比較外，我們也有著外表、感情、婚姻的較勁，乃至職場的競爭、看不順眼。

嫉妒是一種負面的能量，讓我們產生懷恨、憤怒，甚至想破壞眼前所見的一切，這也難怪法國大作家雨果曾說：「凡是心懷嫉妒的人，都容易變得殘酷。」

當我們起了嫉妒心，所產生的情緒往往遮蔽了我們的雙眼，讓我們失去了仁慈和同理心，進而想成為「破壞王」。

這樣以攻擊對方為目的，不擇手段想把對方拉下，等著看好戲的心態，即使最後讓你達成目的了，對自己本身仍毫無幫助。

這並不會讓你跟過去的自己有何不同，那些讚揚、榮耀依舊不會加身，甚至當事實水落石出時，反倒讓自己更難堪。損人不利己，不但沒有減輕壓力，反倒替自己製造更多的問題。

另外一種就是酸葡萄心理下，所產生的酸言酸語。當拿不出任何本事以資對抗時，講些風涼話、嘲弄對手一番，似乎成了一種最佳的發洩管道。抱持著「你不讓我好過，我也不會讓你好過」的心態，非要達到兩敗俱傷的目的不可。這樣的心態也是很可怕的。

當一個人被仇恨蒙蔽了雙眼，說出來的話一定不會是好話，當傷害了別人，其實同時也自損形象。身在嫉妒氛圍中的人可能不知道，但是旁邊的人看得一清二楚。

當我們被仇恨包圍時，其實也替自己製造了更大的壓力，那不是前進的動力，而是步向毀滅的深淵。

成功與否，向來都不是別人的認定，而是對自己的肯定。如果歷經歲月，自己變得比以前更好，變得更有自信和智慧，不也是一種「成就」嗎？

與其在一旁嫉妒別人比自己優秀，還不如轉換個念頭，看別人是如何得到讚賞的。那你感受到的壓力，才能成為督促自己成長的動力，而不光是情緒上的發洩跟耍小手段，那永遠也解決不了心中的結。

“讚賞他人的成功跟幸福，你才能受到好的影響，往更幸福的道路前進。”

悲觀帶來的壓力

有些壓力不是外界給予的，而是來自於我們的個性。

人性基本上都有開朗的一面，也有陰暗的一面，所謂的正向思考不可能一直存在的，我們偶而也會遇到麻煩，不可避免的陷入情緒的低潮。「想開一點」通常是我們給別人的意見，但問題發生在自己身上時，恐怕就不是那麼容易了。

一個朋友剛遇到了詐騙分子，假借買賣房屋的名義騙走了一筆為數不小的訂金。事後經過求證才發現房子不是對方的，屋主也對這樣的事情愛莫能助。被騙走的錢是朋友辛苦工作十多年來的積蓄啊！你說，這個朋友還能樂觀得起來嗎？

只見朋友為此消沉了大半年，終日唉聲嘆氣的，連工作也提不起勁來，還因此差點被炒魷魚。當然勸她的人不在少數，但當她回了一句話，大家都閉嘴了。她說：「事情不是發生在你身上，當然你不覺得痛了！」

這當然是事實，可是我們犯下的錯誤就得自己來扛，沒有人會希望遇到這樣倒楣的事情，而且換做任一個人碰到也都可能上當被騙。

相信每個人遭逢生活的巨大挫折，第一個反應當然是傷心難過，除非你是聖人。這是正常人會有的反應，但如何從這樣的痛苦上掙脫，就跟我們本身的性格有關了。

把損失降到最低：當傷害發生時，別人說什麼都沒用，但以下這一點或許能讓你振作起來。試想：人生中的悲傷離合是在所難免的，當你責怪自己的不小心時，也別忘了把這樣的損失降到最低。一味沉浸在失去的悲傷，並不能改變什麼，只會讓自己越陷越深，連帶產生更嚴重的後果。

沒有什麼事情是不能彌補的，除非你不往前看，也沒有痛苦是不會隨時間沖淡的，除非我們執意要不斷重複那個痛苦。

鑽牛角尖是我們自己本身給自己帶來的壓力，問題可以是很小，也可以很大，端看我們的態度。這就像有人可以把不小心踢到一粒小石頭，都看作是很倒楣的事情，但也有人淡然處之，你要用什麼樣的心態面對已發生的問題比較重要，而不是別人告訴你該如何如何。

廣義來講，悲觀的性格造就更多不幸，但樂觀的人卻能替自己製造更多的幸福。能看開一點的人，問題能比較容易解決，不會一直在泥沼中打混。當我們越是用負面思維去看待生活中的一切，越是難從悲劇中脫身。

所以，很多壓力不是來自於外在，而是我們替自己製造了牢籠。俗語常說：「解鈴還需繫鈴人」，不要期待別人來為你做些什麼，而是你能替自己做些什麼。

打開窗戶讓陽光透進來，其實只要一個小小的動作。一念之間，瞬間就能卸下你肩頭上的重擔，這不需要太艱難的技巧，只需要稍微的改變，黑暗之心就能煙消雲散。

想想看人生有幾個十年，如果我們為現在的損失而感到悲傷，可能會賠上未來的十年、二十年，甚至更多的生命。其實有時候命運只是提早發出警訊，讓你可以盡快調整自己的缺失，讓你好好修正自己，在未來的人生路上可以更加謹慎小心。誰說這不是另一種獲得呢？

”
不要把挫折當成一種負面的壓力，有時候挫折反而是激勵成長的一個過程。
“

環境的壓力

我們先不要提及環保這麼遠大的課題，單指個人所處的環境，很多人都能深刻感受到那股影響力。

我們所置身的環境有兩種情況：一種是被迫接受，一種則是有選擇性的。

這就像我們會被出生在那裡、在那裡就學、有什麼樣的鄰居朋友，這些在小時候完全是被他人所決定，你所接觸的跟你成長的環境息息相關。可是隨著年紀漸長，等到我們可以開始獨立時，那時我們才有選擇權。這時你可以決定留在家鄉發展或是遠走到他鄉異地，你的周遭環境開始產生變動，如果這時還要怨東怨西，抱怨周遭的環境差，那可能自己也要負點責任了。

最近看到一個日本節目的視頻，他們出資讓一個鄉下姑娘住進東京市裡，幫對方租了一間高級公寓、吃喝打扮完全可以免費刷卡。

這位向來一身家居服打扮的鄉下樸實女孩，最初來到大都市裡，先是窩在家裡享受整潔光亮的住所，接著當她開始出門之後，發現路上的行人都穿著講究，自己顯得格格不入之時，於是她開始修飾起自己的外表了。

她先是去買了幾件漂亮的衣裳，做了頭髮，連平常不化妝的人也開始試圖裝扮了，過了一星期之後，她幾乎完全融入那裡的人群，褪去一身的鄉下土味。

再過一個月，當製作單位再去拍攝她，她整個人都亮麗起來，走在路上就跟久居都會區的人沒兩樣，跟之前的她相比，簡直判若兩人。

這只是一個很普通的例子，卻充分證明了環境對人的影響。

不要再假裝你可以充分「做自己」，如果你的「自己」跟這個環境格格不入的話，你的特異獨行可以堅持多久？多數人的堅持往往抵擋不了周遭環境的包袱吧！

所以在一個充滿良性競爭的環境，周遭都是一群優秀的人才，一個環境優良的場所，你想要變得不好都很難。但同樣的，如果你置身在一個骯髒、頹廢又怠惰的環境中，難道不會讓你開始「懷疑人生」嗎？

所以，在這裡想提醒你的是：當你跟一個環境格格不入，老是覺得有人在陷害你時，是否有想過是不是自己站錯了位置呢？

你所遭受的壓力有時是一種警訊，提醒你生活所發生的危機。想想為什麼你會被人陷害？為什麼會認識這麼糟糕的朋友，遇到一些爛桃花，是不是自己也變得輕浮隨便了，為何會有這樣的人靠近你，還是因為自己身邊已經沒什麼可以選擇的對象或朋友了呢？

原本一個對自己很有信心的人，很容易在一個糟糕的環境下被擊倒，甚至開始懷疑起自己，但有時候問題不在於你自己本身，而是你所處的環境。

如果你周圍的人都狡猾奸詐，要完全保有自己很難，如果你的善心總是被利用，那麼也可能表示你遇人不淑。

我就曾經在一個地方感到如魚得水，當遷移到另一個地方時，卻感到孤獨跟憤怒，這跟環境脫不了關係的。你把自己置身在什麼樣的環境，有時候也決定了你會變成什麼樣的人。

壓力有時能成為成長的動力，也可能演變成墮落的深淵。我曾在一個國外的攝影展，看到一位攝影師拍攝出她的家鄉模樣：看起來是個塵土飛揚的荒蕪鄉鎮。我在作品前停留了很久，感受到一股震撼。那種深切的感受來自於：如果這位攝影師沒有離開過家鄉，恐怕永遠不會有機會在一個國際場合中，展覽出她回顧家鄉的作品吧！

因此，一個環境如果給你帶來很糟糕的感受及壓力，你應該想辦法離開，讓自己擁有更好的環境，而不是漠視這種壓力。如果一個壓力是讓你感到積極振奮，而且生氣蓬勃，那才是你值得停留的地方。

“來自環境的壓力，經常是提醒你應該改變的時候了，不要在糟糕的環境中淌混水，而是要為自己創造更好的環境。”

來自家庭的壓力

我想人的一生最難逃脫的，就是家庭關係。當壓力是來自於家庭，很容易造成長遠的影響。

如果你不是生長在一個快樂和諧、充滿溫馨的家庭，那麼家庭給你帶來的可能是無盡的夢魘。

最常見的一種家長，就是喜歡拿子女做比較，當還是個娃兒時，拿來比美醜，入學比功課，畢業後又開始比成就，孩子被拿來當作是相互較量的商品。

或許你不這麼認同，那表示你很幸運，擁有理性又開明的父母，讓你少掉這層負擔，但如果不是呢？我們可能會因此生活在長輩的陰影下，對未來的人生產生負面影響。一位朋友跟男友交往多年，到後來跟對方的關係開始緊張，就在她考慮是否放掉這份感情時，忽然父親生了重病。

為了照顧父親，弄得她心力交瘁，幸好這時男友算是有義氣，幫了不少忙。就在這節骨眼，母親忽然向她提出結婚的請求。

「聽說結婚可以替病人沖沖喜，我看你男友人也不錯，不如你趕快把婚事辦一辦吧！」

聽到媽媽這麼要求，我這個朋友當下愣住了，很訝異都什麼年代了，母親還有這種古老的觀念。

但是母親卻非常認真，一點都不像在開玩笑：「你應該記得你爸爸最惦記的，就是你的婚事吧？至少你也讓爸爸可以在活著時，看到你結婚，好讓他安心。」

當媽媽說完時，朋友轉過頭去看到爸爸眼角淌下一行清淚。這時她完全被打敗了。連她也想不到，自己竟然在這時候答應了。婚禮就在匆促下完成，而且很奇妙的是父親的病況果真好轉，讓她頗感意外。

雖然如此，生病的父親最後還是沒有撐多久，半年之後就去世了。她唯一感到欣慰的，恐怕只有在這短短半年內，看見父親滿意的笑容。

接下來這段婚姻卻沒有想像中順利，她只是不斷循環最後那段想分手的狀態，就在父親過世之後沒多久，卻意外發現自己懷孕了。一連串的

「意外」保住了她的婚姻，卻讓她成為一個不快樂的人。才一年沒見，她整個人變得蒼老許多。雖然最後，她還是離了婚，如願帶著孩子生活，但她痛苦的表示：

「如果我能選擇，寧可不要結那個婚。」

走過一趟婚姻之路，她失去的何止是自由，更是走入一個完全不同的人生，再也回不去婚前的生活了。

問這位朋友說：「你還有怨嗎？」

朋友默默的點點頭。

「如果當初我媽不要這樣逼我就好了。」她說。

可見家庭對一個人的人生有多重要。當你想要的未來跟父母的期待衝突時，你會如何抉擇？

很多人都不願背負「不孝」的罪名，而選擇父母所安排的路，但最後反倒形成親情間的撕裂。

其實我們要明白的一點是：不是所有父母說的都是對的，你也有你人生的路要走，父母無法陪伴你一輩子，最終你還是得為自己的人生負責。

一旦能想清楚這一點，你就應該有所堅持，以免到最後形成「雙輸」

的局面。

至於來自手足之間的壓力，也是令人難以承受的。

我有些朋友是「獨子」，他們總是羨慕我們這些有兄弟姊妹的人，覺得自己成長過程中十分孤單，沒有可以一起玩樂的對象。縱然集三千寵愛於一身，但還是覺得失落。

但你以為身為獨生子女就會比較好，那未免太天真了。

如果你是獨生子，可能少掉某些困擾，像是兄弟姊妹的競爭、父母的偏心、愛比較等等。不過可能那些兄弟姊妹多的人，還是會比較羨慕那些獨生子呢！

有兄弟姊妹雖然比較有伴，不過在家庭最容易產生競爭的無非是手足之間。所謂「水能載舟，也能覆舟」，我們常常看到小時親暱玩在一起的手足，長大後卻為了利益翻臉，甚至對簿公堂的情況。

當然也有相親相愛的例子，但是面對兄弟姊妹帶來的壓力，恐怕不是一般朋友那麼容易解決，只要說聲「再見」，避不見面就能一刀兩斷的。

因此面對家庭各種狀況所帶來的壓力，最佳的緩解之道就是溝通。沒有人希望看到任何一個家人不好，只是表達愛的方式不同而已，如果彼此能多點諒解與包容，才是最圓滿的解決之道。

“家人之間最重要的是溝通，而不是強迫接納。”

談戀愛的壓力

有人說：「愛情是一道難解的習題。」剛開始時的濃情蜜意，見面時的心跳不已，時間一久慢慢轉換成相處的習慣。當激情逐漸消退，所面臨的現實也漸漸浮現，甚至形成一股龐大壓力時，你該如何自處？

剛開始的海誓山盟、一日不見如隔三秋，日子久了所有的偽裝也逐漸退去，那些掩蓋不了的缺陷，往往就成了感情上的障礙。

「我的男友老是要我買單。」

「他要我投資生意，我該怎辦？」

「我女朋友把我當司機一樣，有時我工作也很忙，一旦抽不出時間載她，她就生氣了。」

總是有一方霸道，一方顯得弱勢，講好聽是互補，事實上卻是一種摩擦。當感情化為日常生活，人的本性也漸漸顯露出來，多半這時候兩人也攜手走過一段時間了，想放又放不開，繼續走在一起又覺得委曲求全。

一位朋友跟我提到與男友相處的問題，兩人總是有無數的爭執，於是她開始猶豫這段感情是否值得再走下去。

據我所知，她的這個男友十足藝術家性格，當初可是她主動追求，「擊敗」許多競爭對手得來的，那時有多少人羨慕她有這麼一個帥氣又有才華的男友。

「事實卻不是你表面看到的那樣。」朋友哀怨的說，接著細數對方的種種不是。

「交往後我才發現他根本是個『媽寶』！不是那種真的有媽媽寵的『媽寶』，而是把我當成他媽一樣，什麼都要我幫他做，小到買任何雞毛蒜皮的東西，大到租房子、搬家，都要我一手包辦，平日管吃管住的，感覺我好像在養一個小孩。」朋友說著說著激動得掉下淚來。

「可是當初你不是就看上他的風趣與才華嗎？」

「是這樣沒錯啦，但放到實際生活，才華能當飯吃嗎？」朋友一把眼淚一把鼻涕的訴說著。

「那為什麼不乾脆離開他呢？」

我就像一個外人說得那麼簡單，可是這一切只有當事人知道其中的矛盾之處。

她靜下來，跟我說道：「我和他都在一起這麼久了，你也知道我年紀到了，很怕分手之後再也找不到比較好的對象。」

話說得沒錯，以一般女生的心態，當那麼多青春歲月都投注下去，要斷開一段感情是多麼困難。這不管從感情或時間的投資成本來算，都很不划算。

難道就要這樣拖下去嗎？我為朋友感到憂心。婚前都已經在這段感情中感到痛苦不已了，難道還要等結婚之後，將痛苦無限期的蔓延嗎？

其實不只朋友有怨言，對方男生也是一肚子抱怨。那個男人也是抱怨女友動不動就發脾氣跟他吵架，讓他越來越不喜歡待在女友身邊。接下去的演變過程可想而知了，這個男人偷吃的消息漸漸的傳出來了。

男生與女生基本上很不同，尤其一碰到感情的壓力，很多男人會往外發展，但女性可能不斷委曲求全，即使在糟糕的狀況之下仍不肯放手，依舊抱持著一線希望。

「希望對方能有所改變」、「希望所有不愉快終將成為過去，彼此還能回到當初相愛的模樣」，於是感情拖著拖著就變質了，早已回不去當初相愛的模樣了。

我們總是在愛情裡互相計較，計較誰愛得多，誰又愛得少，在愛情裡總是懸著一顆心懸，希望對方能給承諾，希望愛情能永遠保鮮。

於是我們付出了許多，只為得到對方的歡心，想藉此證明自己有多愛對方，也希望藉此得到同樣的回應。

其實人本來就是有著不同的成長背景，從陌生到熟悉，不可能全然相契合，到頭來不是你遷就我，就是我遷就你，彼此磨合才有機會走下去。我們小心翼翼的把愛情捧在手心，無非就是希望自己的愛情能有一個好的結果。所以你說，談戀愛會不會有壓力呢？

當你享受愛情當中的甜蜜，同樣也得付出辛酸與痛苦的，但是愛情不該是某一方一味的犧牲，而是必須雙方相互包容跟體諒。如果有一方隨心所欲的話，就可能造成另一方巨大的壓力。當這種壓力得不到釋放，也就代表這段感情會走向歧路了。

因此我們要學習的，並非單方面的承受，而是能藉由溝通的方式把一部分壓力丟還給對方。美好的愛情不是毒蘋果，而是能給予滿滿幸福感的果實。因此單方面的付出與委屈求全都不是好事，這只是提醒你：「是該離開的時候了。」

“

壓力是成長的動力，放在愛情裡也是相通的，沒有人是應該永遠扮演犧牲者的角色。

”

過度關切的壓力

有些時候別人的關心是一種好意，但那些人恐怕沒想過，過度的關懷反倒會給對方壓力。最明顯的不外乎過年過節時，親戚朋友齊聚一堂，長輩對結婚生子的進度過度關心。「阿明呀！你什麼時候要討老婆？你表弟都生了個白胖胖的娃娃了！」

「曉娟，你有沒有要好的男朋友呀？要不要姑姑替你介紹呢？老王家的小孩都兩個了。」類似的對話是不是耳熟能詳呢？

每到家族聚會，往往就成為單身者的惡夢，好像長輩最關心的都是何時結婚生子？從小時候的成績「超級比一比」，到長大後成家立業的問題，這些都成了親戚們津津樂道的話題。

但生活是你在過日子又不是他們，想想當你失戀時的傷心難過，他們人在哪裡？當你遇到人生難題之時，這些人都能及時為你開釋嗎？答案往往是：沒有！為什麼這些親戚這麼愛關注別人的私事，老是令人倍感壓力。如果我們能放寬心去想想，正因為大家很少碰面，對方對你的所知有限，因此也只能在這些膚淺的表象上打轉，要不然他們要問什麼呢？是「你的企劃書什麼時候交？」、「你跟男友之間溝通上有什麼問題嗎？」

就把這些關心的話題當成普通的一種「應酬話」，你就表面客套應付一下就好，隨便回什麼都好，用「嘻嘻哈哈」的幽默態度打發過去不就容易多了？根本無須放在心上而為此變臉，免得破壞難得的歡聚時光。畢竟你也不用天天面對這些人，日子是你在過的，並不是別人。

另一種則是朋友對你最近遭受挫折時的關切。記得有一回跟好久不見的朋友們碰面，那些都是一群以前的同事，大家好不容易湊在一起。飯吃到一半，忽然有人問起：

「嗨！你現在還好吧？」好多雙眼睛同時朝我這裡看來。

「什麼事呀？」我一時反應不過來。

這時那位老同事拍拍我的肩膀，用一種過度親暱的口吻說：「我是希望你不要再為那個A男傷心難過了，那個人這樣對待別人一定不會有好下場的啦！」

「說得也是，我聽說了他的消息耶！」

另一個朋友也湊上一腳，接下來滔滔不絕聊起那個前男友的近況。

至於我呢！原本已經平靜的心，卻因為這些人過於熱切的關心而掀起波濤，勾起那些不愉快的往事，害得我整晚的心情都不好了。

你能怪她們嗎？

在這種時候，有時漠然還比過度關心來得好。因為如果你說自己沒事，那些人立刻又會上下打量你，頻頻詢問：「你確定嗎？」

如果你表現出他們預料的苦瓜臉，他們更會嘮叨個沒完。這對於當事人不是一種困擾嗎？

因此，如果你是真的「夠意思」的朋友，就不應該在傷口上灑鹽，勾起人家不想觸碰的傷口。不過，身為當事者其實也不需要過度反應，就當別人只是善意的關懷，盡量把話題轉開，別在這種問題上不斷糾結，對你、對別人都是一種「解脫」？

關心別人並沒有不好，只是要看對象、看場合，有人就是「哪壺不開提哪壺」，喜歡沒事找話題，反倒是給別人製造壓力。面對這種人我們無法要求對方改變，也只有改變自己，因為你越裝得沒事，就越是不會給對方有見縫插針的機會。

”有時我們的壓力來自於別人過度的關心，學著不要讓不相關的人介入你的私生活，才是明哲保身之道。“

人情壓力

在踏入社會之後，相信很多人慢慢能體會，什麼是人情壓力？特別是當你有一點點成就時，所承受的包袱就接踵而至。我最長時間的工作是在媒體業，雖然只是在雜誌業東混西混，偶而還是會剛好「混」到一些比較有知名度的雜誌，或許是身分的關係，有些人會刻意討好，那時可能是希望你能替對方做些採訪之類的事情，但當時可能自己太遲鈍了，往往無法意會過來，但憑著媒體工作的關係，別人也不好表現得太明顯，直到我轉職到寫作的工作這樣的情況才減少。或許是我太幸運了，還是秉持著對人與人交際的「魯鈍」，即使在知名的出版社出書，還是對朋友的熱情邀約習以為常，直到某天被人一棒打醒。

記得那是一個陽光普照的下午，一位以前工作認識的美編約我出來，我和她來到一間我很喜歡的風格小店。

原本開開心心的聊著聊著，忽然對方跟我提出一個請求。

「你既然在某出版社出書，那麼可以幫我推薦進這家出版社嗎？」

當下我有些愣住，很自然的回答道：「我跟裡頭的人也沒很熟，你可以自己投履歷呀！」

其實我說的是事實，因為當初在那間出版社我也是以投稿的方式，並非靠什麼關係出書。但這位「朋友」卻馬上變了臉。

「你還當我是朋友嗎？我看你一點人情世故都不懂。」說完，對方立刻毫不客氣的起身離開，留下我呆楞在那裡，不知道自己說錯了什麼。後來仔細想想才明白，原來這位朋友是想套交情，希望藉助我的「關係」能引薦到那間公司。但那時我真的太單純了，沒想到用「打哈哈」或其他話術替自己脫身，以至於從此跟對方斷了聯繫。

後來這樣的狀況陸陸續續出現在我的生活中，當然我處理的方式也不會再這麼「白目」，至少表面上還是會裝個樣子，私底下能幫就幫，不能幫也愛莫能助。

你越長大會越感受到這種「人情」的壓力。可能對方是曾經幫過你的人，又或是跟你很好的朋友，因著這層關係，就變成對方想「套交情」的對象，幫或不幫都令人為難。

特別是當你生活在偏鄉地區時，會發現所謂的「人情壓力」更是無處不在。

「你就順便幫一下嘛！」、「拜託你去跟他講啦！」明明不是你的事，到頭來卻變得你必須去傷腦筋，甚至成了對方的「保證人」一樣，一旦出了差錯可能還要你負責。

身在華人這種「講人情」的文化中，「人情壓力」似乎是難以脫逃的一環。通常會對你施加「人情壓力的對象，也往往像是「事先準備好了」，會是對你最獻殷勤的人。一旦發現無法從你身上得到想要的，變臉就像翻書一樣快。

我們無法預料別人對我們的好是不是真心的，到底有沒有帶著某些目的，但唯一能做的，不是承受那種負面壓力，而是要懂得如何運用「善意的謊言」推掉人情壓力。

最重要的一點是：無論你答應什麼都千萬不要用肯定句。話說得越模糊越好，不要打包票，才不會事情萬一不成的話，自己受到莫名的指責。

永遠記得，別人對你的好，你可以用其他方式回報，但不要強迫自己非得去接受什麼，否則你就很難從這類壓力中脫身。

如果對方還會因為你幫忙得不夠力，認為你不夠意思的話，聽我的勸，這樣的朋友不要也罷！因為帶著利益交往的友誼，總有一天也會因為「利」一字而消失，就沒有必要再苦苦為難自己了。

“面對人情壓力時必須先審視自己的能力範圍，以免落得兩面不討好，而從中也能考驗出友誼的真誠度。”

財務壓力

提到關於經濟壓力，似乎不是這裡該敘述的，畢竟我本身也不是財務專家。雖然無法告訴你如何賺大錢，但至少可以告訴你如何遠離財務上的壓力。

有人說「談錢」太俗氣，但沒錢則萬萬不能。想像無論你讀書、吃飯、居住乃至於添些好衣服、出國旅遊，沒有一項不需要金錢。就算你不想當個渾身都銅臭味的人，但至少也別把自己落入一無所有的地步。

相信每個人都有賺錢的能力，只是多跟少的差別而已。吸金能力強的人有能力優渥生活、如果是一般上班族，也可以想辦法讓自己活得悠閒自在，不致陷入「月光光心慌慌」的日子。

所以，有錢是有錢的過法，一般收入則有基本收入的過法，尤其當我們收入低時，沒有必要去羨慕那些擁有高檔名品的人，而做出超乎自己經濟能力的享受。

換個角度思考：包包不就是用來裝東西的目的、鞋子是為了舒適行走、穿衣是為了保暖（再增添一點點賞心悅目），只要實用，跟上面是什麼品牌有什麼關係？名牌只是人為的商業手法的，只要改變一下觀念，你就不會跟著盲目去搶名牌、追流行，而跟自己的荷包過不去了。

如果你覺得阮囊羞澀，無法跟別人一樣外去旅行。自助旅行也是一個好方法，從最近的地方開始，累積經驗後，你能前往的地方就會越來越多，更知道如何用省錢的方式行遍全世界。

最要不得的是你渴望自己能力達不到的東西，往往成了壓力跟痛苦的來源，甚至要「透支」去解決心裡的慾望，對未來人生造成損害。

光看許多人刷爆卡，甚至腦筋動到去地下錢莊借支，這都是一條不歸路，雖然眼前得到暫時的滿足，卻是在透支未來。

其實錢多錢少並不是絕對重要，而是你如何規劃人生。一個對自己有計畫的人，會懂得如何拿捏，不會超乎自己的能力，也不會去預支未來，讓自己成了金錢的奴隸。

未避免經濟上造成太大的壓力，你需要降低對物質的慾望，這是必然的。一步步養成習慣之後，自然就不會覺得太困難。因為那已經成為你生活的一部分，你也能從中找到更多的樂趣。

試想：當一個陽光普照的好日子，你感受到的溫暖會跟有錢人不一樣嗎？當你來到山林裡呼吸，你吸到的新鮮空氣會跟富人不同嗎？還有許多音樂、藝術這些都是不分階層富貴就可以體會到的美好感受。

當你不把名利看得太重，那些問題自然不會來干擾你。也不是人人都可以當名人、大富翁的，換個角度想這些人也未必能像普通人一樣，可以自由享受那些美好，甚至沒有時間停下來靜靜體會。

總之，開心生活也是一天、悶著過日子也是一天，不要因為緊縮的銀根造成自己的壓力，你還是可以找到便宜又愉快的生活方式。最重要的是不要去跟別人比較，不要對物質有太多的慾望，你就能找出你最自在的生活方式。

”

懂得支配財務才是獨立的第一步。

“

完美先生

再來談到因為個性所造成的一種巨大壓力來源，就是：過於追求完美。你認識那種完美先生或完美小姐嗎？

完美主義者對自己的要求極高，他們不容許一絲瑕疵，似乎要把什麼都掌控得好好的，要不然就會崩潰尖叫。

就像當他們整理家務時，簡直達到一絲不苟的地步。任何灰塵、細屑都像是致命的敵人一樣，非得剷除殆盡——這樣的家居大概可以媲美「無塵室」的標準了！相信追求完美的人共處在一個屋簷下也會覺得難以「容身」吧！

完美先生龜毛到什麼地步，沒有相處過的人大概很難想像。我曾經在工作時拜訪一個標準的「完美主義」者。只見交談的過程中，對方不斷地拿紙巾清潔桌上的灰塵，讓我的話題不斷被打斷，被她忙個不停的雙手佔據所有視野。

還有一種老是喜歡挑人語病的人，也是完美主義下的缺陷。不管你說了什麼，尤其是外國語法，對方總是可以從中挑出毛病。

「你應該這麼說才對！」

「你的發音不對，那個字的發音不是這樣呀！」

可能對方是學者、老師，但卻忽略朋友的聚會並不是在課堂上，過度挑剔反而會讓人很感冒，感覺跟你談話會有很大的壓力。

那些完美主義者或許沒發覺，自己吹毛求疵的態度對他人的影響吧！除了太過追求完美而顯得緊張兮兮，連旁邊的人都因此感到一股壓力，時時提心吊膽著是否一不小心又會出錯。這對自己和周圍的人都不是好事。

因為追求完美而太執著於細節問題，反而讓我們失去一些更重要的東西。當你花費大量時間在那些看似不重要的小問題上時，那就是一種挑剔的性格，而不是顧全大局。這樣的情況往往導致因小失大，正是過於追求完美過程的經常寫照。

講求完美並不是不好，有時更是引領你成功的特質，古今中外有成就的人士，都是努力把一件事情做到盡善盡美，無論是科學家、物理學家、藝術乃至政治家等等，他們在工作上都是以高標準來要求自己，不斷修正再修正，遇到困難也能想辦法克服，這就是他們不同於一般人的原因。

但那是一種對目標的追求，跟凡事在細節上吹毛求疵是不同的。人有一好沒兩好，沒有人是可以面面俱到，但只要有一方面做得完善，你也可以說是成功了！

端看在某個領域很有成就，但在生活面卻糟得一塌糊塗的人比比皆是。但沒有人會在這方面苛責他們，畢竟人不可能是完美的，也不可能有人樣樣專精，只要在自己從事的領域上力求完美，就值得被讚揚了。

因此，想當個全面的完美人物等於是在跟自己過不去，面面俱到的結果，可能讓自己拘泥在一個小框框裡。這是個性上給自己帶來的壓力，而不是問題本身。

所以有時學著讓自己跳脫所執著的事物上，才能明白壓力來源在哪裡。

把自己的完美主義性格用在該努力的地方，而不是凡事苛求。能包容一些缺陷，反倒能讓自己更具人性，眼光更為開闊。當你開始懂得有時得放手，讓自己喘口氣時，這樣的性格才能得到適當的舒通。

“過於要求完美是一種自戀心態，常常造成生活的盲點，侷限了我們的視野。”

PART 03

為自己保留一塊淨土

起身捍衛自己

這個社會並不是所有做對的事就會得到獎賞，為惡之人也未必真的都會遭到報應。我們有時會看到一些案例：明明對方是個好人，或是做了對社會有益的事，為什麼反倒被一堆人批評咒罵呢？

大人的世界似乎不像童年這麼單純，「對就是對、錯就是錯」，公平正義不一定會得到伸張。因此，存在於這樣的矛盾會讓我們感受到很大的壓力與不滿，覺得自己面對的是一個不公平的世界。

難道因為如此我們就放棄當好人，不堅持做對的事了嗎？當然不是！不要因為外在環境而糟蹋自己，拋棄了原本美好的德行。因此，當身處亂流之中，我們需要的是如何保有自我，克服外在的壓力，讓惡勢力無法影響我們才是。

最近一個親友經常訴說自己被欺負的事，連旁人都聽不下去了。

仔細觀察這位親戚的面容，似乎也因為最近一連串倒楣事件，而顯得「灰頭土臉」，失去昔日光彩。一般人所謂「相由心生」應該指的是這樣的吧！

首先是她覺得手頭緊，去跟朋友要債，不僅被轟了出來，還被對方在大街上羞辱了一番。

「為什麼不找警察？」相信很多人的反應都跟我一樣。

「可是我當初就是太相信他，什麼借據也沒有寫，現在對方翻臉不認帳，誰又能證明一切。」她很委屈的說。

聽到這裡，相信很多人都跟我一樣傻眼，也不知道從何幫起。最後只能一起跟著罵對方沒良心、太過分而已，這件事對她影響甚鉅，她因此變得意志消沉，甚至連出門都恍神而出車禍。

「車禍的肇事者逃了，我只好自己叫救護車。」這場車禍又讓她受盡身心的折磨。這位親戚休養一段時間，但她的命運似乎沒有轉好。接著是小孩出了問題，婚姻也有狀況，先生和她吵架，好幾個星期都沒回家。

她將所有問題歸罪於最初騙了她的那個「朋友」，但自怨自哀真能挽回一切嗎？

當一個人要貪你便宜時，你不會比他更有理由；當一個人想陷害你時，對方早已準備妥當，只有受害者還蒙在鼓裡，被玩弄得團團轉，一時之間哪有招架能力。

越是狡猾奸詐的人一開始總是特別會甜言蜜語，讓你感覺到對方的熱心，因此慢慢相信對方。這就像是業務員的功力一樣，如果不先取得你的信任，如何把商品賣給你？相信你很少看到業務員會擺著臭臉，然後誠實告訴你產品有多少缺點吧？

一個人會被詐騙一定也有原因，因為騙子會針對他人的弱點下手，而你是不是無意中暴露了自己的弱點，而成了別人最好利用的機會呢？

當你是強者的時候，別人的攻擊就像被螞蟻咬一樣不痛不癢，但如果你是個弱者的話，可能一點點風吹草動都可以讓人不堪一擊。

因此如果不懂得捍衛自己，是沒有人幫得上忙的。與其求人還不如求自己，要自己不受到傷害最重要的還是要壯大自己，不要任人爬到頭上，即使要幫助別人也得衡量自己的狀況，免得自己委屈犧牲，到頭來還要看人臉色，那是多麼令人痛心啊！

所有的幸與不幸都會像連鎖反應，不斷在生活中擴張，如果你無法即使制止「惡」的發生，就會被惡的循環控制你的生活。至於發生不幸之後所產生的壓力，我們必須學會轉換思維並且反省自己，想想是不是做事太輕率了？是不是自己太沒有警戒心了？是不是因為自己的無知而讓傷害產生等等。

壓力會是一種成長，讓你有機會自省並且改變自己，讓你變得更成熟更有智慧。如果他人侵犯到自己的權益時，要懂得自我保護，不讓對方一而再、再而三的欺凌與傷害。

要知道有些人的確會「得寸進尺」，只要嚐到一次甜頭就會試著攻擊你第二次、第三次。唯有堅守自己的「防線」，不被暴力所擊倒，才能為自己爭取到真正的公平。

”
人生中我們難免會吃點虧，但千萬不要讓它造成嚴重的影響，也別讓那些邪惡的力量影響我們的生活。
“

獨善其身的困難

所謂的「獨善其身」指的不是「自私」、「莫管他人瓦上霜」，而是在於對自己了解。即使身處「亂世」，也能保有自我、堅持自己的理念。

很多人會感嘆：現在要當一個好人很難，似乎從小教育我們的一些優良品性，長大後卻對實際生活一點用處也沒有。你的善良甚至可能成為別人利用的工具，眼看那些狡猾奸詐、奉承阿諛的人卻步步高升，讓你不得不懷疑起人生。

我們不得不認真面對，現在的人際關係疏離了，但卻有一股力量讓我們又再度群聚在一起——沒錯！這就是網路世界。

面對越來越發達的網路社交媒體，即使再不願意，除非真的想去過蠻荒生活，你很難不透過網路跟世界起了連結。那些陌生的、半生不熟的對象，你的思想、行為都一一攤在大眾面前任人檢視。

過去我們有些不想讓人知道的想法，對某些人負面的觀感，只要你不說破沒人知道，但是若是你某天哪根筋不對，在網路上抒發一下心情，有可能會因此而引起軒然大波。

我有些因為工作或是地緣關係認識的朋友，雖不算熟、但偶而約出來小聊都可以，但自從社交媒體盛行後，應要求加入這些人為臉書朋友，大概有八成會因此而斷交。

是因為我不會做人？

看來不是。

還是不懂得禮尚往來？

那也不是理由。

大概唯一最能解釋的是：你可以因人而改變你面對面對談的深淺，但一旦進到社群網站，你個人的意識就會變得很鮮明，這也是跟面對面難以掩飾的。

難道就要因此改變自己，跟現實世界一樣虛偽客套嗎？

這類舉動又是當你在面對自己時，根本做不來的。一個人若要「獨善其身」有多難呀！

該坦白，還是虛偽？我們堅信的承諾還值「幾分錢」？在這個利益掛帥的世界，我們都變得不得不低頭，說著言不由衷的話，謹慎小心來自四面八方的眼光。所以，你能說這不是一種另類壓力嗎？

明明不是同一類人，在現實生活中還可以應付應付，但在網路上就可能演變成刀光劍影。虛應、客套跟假話或許能讓你活得比較容易一點，但這真會是你想要的嗎？

「誠懇」、「誠實」不能幫你在網路上贏到一萬個讚，但可以讓你交到真正的好友。所有良好的品德都不能換算成金錢，但求得心安理得。你或許無法影響到許多人，但只要有那麼一、兩個真心的朋友就夠了！

當你覺得好的事情就去做，即使一時之間不被諒解，終究時間會證明一切。只是你必須忍耐那段黑暗期，遭受異樣眼光的折騰。

所有的堅持必然會遭受到壓力，所有的光芒都會引來嫉妒的非議，但你才是自己人生的舵手，要航向何方應該由你自己來掌舵而不是他人。當環境越惡劣，你更需要有「獨善其身」的勇氣，因為任何對的事情終將被肯定、錯的事情也都會遭致唾棄的，讓自己成為最清醒的那個人，而不是盲目無知的蟻群。

“環境愈惡劣，愈是考驗我們堅持的勇氣。”

為自己保留一塊淨土

朋友說：「最近覺得生活很緊繃，好像所有的不順全都找上門來了。」

又有人說：「我快被這件事搞瘋了。」

是不是有些時候，我們會對現實中的一些事情擺不平，覺得像是被逼到臨界點。

其實這時候，你最需要一個喘口氣的空間，否則一旦判斷錯誤，將會造成永久難以彌補的損失。

曉春就是在她人生最關鍵的時刻，突然一堆麻煩排山倒海而來。先是因為工作上的失誤被解雇，而她以為始終相伴的男友會在此刻安慰她、給她鼓勵，卻沒想到卻意外被她發現對方有了第三者。接連的打擊讓她不知如何是好？

她試圖冷靜下來。她以為自己已經夠冷靜了，她不想放開男友，覺得在這個節骨眼上，如果連感情失守，她不就一無所有了嗎？因此思緒紛雜的她選擇繼續忍讓。

問題卻沒有因此消失，她和同居中的男友開始劇烈爭吵，還經常被貶低、嘲諷，這些傷害深深刺傷了她的自尊。原本以為自己還有挽留的機會，卻沒想到讓她已經夠低潮的生活更下一層，包括承受第三者不斷的挑釁。

直到她發現男友準備了求婚戒指，卻不是要給她的時候，才徹底讓她死了心。

後來曉春搬離兩人共築的愛巢，重新找到工作、建立新的生活圈，慢慢遠離這場惡夢。這個過程倍感艱辛，她花了很長的時間才走出來，那種孤獨無助的心情，不是外人所能體會的。

唯一真正支持她的力量是來自於對音樂的興趣，這段時間她開始重拾吹長笛的興趣，也在上課過程中找到一群志同道合的朋友，遠離與前男友共同的朋友圈。「如果不是有這項興趣支持著我繼續努力學習的話，我真不知道自己會變得怎樣？」她很慶幸的說。

每個人都需要一個喘息的空間，因為我們永遠不知道未來會發生什麼，也不能預測意外什麼時候來臨，最好的方式就是做好準備，當壓力來臨時還能找到最佳的方式去抒解壓力。

這個可以喘息的空間，有時是指我們的興趣、喜歡去的地方或是那些令我們感到溫暖的人。試著回想一下，有沒有這類人事物會激起你的熱情，讓你忘掉所有煩憂呢？

像是我就有一個喜歡的地方，那裡有許多喜歡的朋友、美麗的風光，每一次到那個地方總是會有新鮮有趣的事情發生。雖然那裡不適合工作，也沒什麼發展，但每當情緒低潮時，我總是會收拾起行李，飛向我心中的「淨土」。

如果你沒有找到這樣的地方，或是沒有很多時間，那麼和知心好友聚聚都可以，過去可能因為忙碌，然而生命中的意外正好可以給你一個機會，重新建立那些關係，這也可以算是你生命中的一塊「淨土」。只要是可以暫時遠離當前壓力，讓你可以得到慰藉，能為你灌注滿滿能量的方式，都是對你有益的。

暫時離開並不代表你要永遠放棄，這只是一個過程，讓心情小小飛馳一下，徜徉在毫無拘束的氛圍，或許會帶給你新的啟發也說不定。

生活中難免有大大小小的壓力，找尋心目中的那塊淨土，讓我們得以暫時歇息，找回再出發的能量，將可以幫助你更快重新振作起來。

”

有時我們需要暫時離開，這不是逃避，總要有個能讓你自在呼吸的空間，那就是你正向能量的來源！

“

低調人生

現在是屬於一個行銷的世代，瀰漫著「老王賣瓜、自賣自誇」，大家都要說自己好、自己的產品妙，才得佔據這個市場。這又是一個競爭激烈的世界，多歸功於網路傳播的迅速，很多消息一出，馬上就散播開來。

一個朋友有感而發說道：「現在如果你發現一個好地方，千萬別宣揚，否則很快那個地方也會變得人擠人，再也不是當初清靜的模樣了。」

這話是說得不錯，當我們處在高度競爭的環境下，有些想法最好還是埋藏在心中，在你還未達到目標之前，尤其是那些特別的創意。

雖然說好東西要跟好朋友分享，但講求功利的社會，你又怎知會不會連「好朋友」都會眼紅，到時候別說點子被偷走，恐怕連帶也失去一份珍貴的友誼。

宣揚不是沒有好處，只是要看你運用在哪個地方。在工作與生活的目標上，別只是點燃一點小小火花，就急於昭告天下，那麼最後倒楣的可能是自己。

要了解任何有利可圖的事情，都是很多人想要爭奪的，甚至包括愛情部分。如果你想成功的話，最好在過程中保持低調，等到事成之後再和別人分享成果也還不遲。

我曾經在國外遇到一個生意人，他原來的工作跟商業無關，卻無意間轉到貿易這行，而且做得有聲有色。一回跟他碰面時，聽到他小小聲的交代一些事情後掛上電話。

我開玩笑的問他：「是什麼事要這麼偷偷摸摸的？」

這位富商壓低聲調回答我說：「我剛交代員工去批貨時走哪條路，別讓別人看到，途中也不要回答任何人問題。」

果然是個精明的商人，難怪生意會做得那麼有聲有色。

他掌握了做生意的訣竅，不管是富甲一方的生意人或小小的公司，其實這都是必須掌握的關鍵。

事情還沒一撇之前，別急著到處宣揚。

所謂「人多嘴雜」，最容易壞事。如果不想被那些雜音影響，有些事還是放在心上最好。

「我快要加薪了！」、「我差一步就可以當主管了」

這些話都代表還是沒達到不是嗎？

「快接近目標」了跟「已達成目標」其實還差很遠。就一個結果論來講，就像沒有蓋完的房子不能住人、沒有烘焙好的麵包難以下嚥一樣，沒完成目標之前都不算成功，你其實跟剛出發時的「起點」沒什麼兩樣。

太快昭告天下，萬一口口聲聲宣揚的成果沒有達成呢？是不是自打嘴巴，招來令人不快的酸言酸語。你還沒達到頂峰就等著滾下山來，那麼之前的努力不就白搭了，這又有什麼意義呢？

有些人喜歡等著看別人笑話，真心祝福別人的不多，我們又怎能不在人生路途上一步一步小心翼翼呢？特別是當你不知道背後的小人在哪裡，為了減少在通往成功路上的阻礙，最後還是不要把「進行式」讓別人知道，否則只會替自己增加負擔跟壓力而已。

為自己保守祕密，等於是保護自己，也給自己遵守承諾的機會。

另一方面，行事太招搖，不免會讓人留下愛說大話的感覺，大部分人喜歡看的是結果，而不是過程。因此有時候我們得多學習低調，除了無須承擔外界的眼光之外，你更能獨享成果。

“當一個結果論者，在事成之前，學會閉上嘴巴，你會少掉許多阻礙。”

學會遺忘

人都有一種天生的能力，有些事情可以牢牢記住一輩子都不忘記，甚至回想起來還覺得「往事歷歷在目」，就跟剛發生過的一樣。

遺忘跟健忘不一樣，前者是自己選擇的，後者則不是自己可以掌控的，或許我們無法徹底忘掉一件事情，但至少可以將之沉澱到內心深處不再想起。

遺忘也可以說是一種接納，因為接受過去的不完美，讓我們懂得追求更好的明天。我們用更多的快樂跟幸福來堆積我們的未來，也將那些痛苦遠遠排除在外。

遺忘也不是去對自己說謊，試圖洗腦那些過去沒有發生，當你可以正視那些創痛，它就像是傷口結了痂一樣，修復之後就不要再回顧了。

我有個非常樂觀的朋友，她並非不誠實的人，但很少提及自己的過往。一回不知問到她什麼事，看到她眼中飄過的憂傷，我想大概不是什麼愉快的回憶。

只見她很快轉為雲淡風清的口吻說：「如果不是你問起，我可能都忘了。」

雖然對於勾起她傷心的回憶覺得不好意思，但看到她很快轉換一種心情，又回到印象中樂觀開朗的人，讓我安心不少。

突然發現，原來一個人的態度也會同時影響周遭的人。當你開心時，會有許多人樂於圍繞在身邊；當你沮喪時，身旁的人心情也會跟著墜入谷底。或許用一個簡單的說明為什麼我們應該保持樂觀的心情，至少不會讓自己顯得那麼自私，只顧著自己的感受卻沒考慮到別人。

這是從一個寬廣的角度去看待，那麼回到自己本身也是，糾結在過去的情緒並不能給我們帶來什麼，反而會讓生活變得更糟，就像是一段黑暗之路的延續，希望也隨之枯萎。

對於那些已經發生的事實，我們無法改變，但可以扭轉的是我們的將來。把那些痛苦化為悲憤的力量，當成一種提醒跟教訓，讓我們在未來人生路上可以避開那樣的錯誤，這不也是傷痛所要給予我們的提醒嘛！

當我們整理好自己之後，就不要一直耽溺在不愉快的回憶之中，你可以深藏，直到你可以再度面對為止。

所謂的「再度面對」，就是你不會再次提起或想起時，跟昔日的心情那樣激動，而是把它當成生命的一個過程或故事看待，因為那些創傷讓自己變得更好了，也因為曾經痛過，讓你更珍惜現在擁有的一切，那就值得了。

學會遺忘，不是要否定過去，也不是對自己說謊，而是不要一直讓那些不好的回憶困擾我們。我們要用幸福、快樂的事情去填補那些灰暗的回憶，可以減低對我們心靈所造成的陰影。

正因為挖掉痛苦那一塊，值得我們把更多的美好補進來，讓我們擁有更多的幸福來取代。

總之，每個人都會有不堪的過去，難免都會跌疼、撞傷，但不要讓那些失敗阻饒你的前進，就把那些不愉快通通堆到一邊，放大快樂的回憶，也為自己人生增添更多美麗的色彩。

”

把那些不愉快的過去當作一場夢，夢醒了你還在，不是嗎？

“

仇恨解決不了問題

當別人做了對不起你的事，大部分的人除了生氣，接著心生怨恨，甚至想盡辦法希望能「報一箭之仇」。於是我們開始鑽進仇恨當中，累積了許多負能量，自己也陷入痛苦的漩渦裡，對本身實際的生活反倒是一種傷害。

古今中外的戲劇都有這樣的橋段，然後主角展開持續的復仇計畫，讓台下的觀眾大快人心。

但別忘了，那是演戲！舞台落幕後，你回到家想一想，覺得自己似乎也可以效仿，讓那些曾經對不起你的人吃個大虧。於是你開始計畫、行動，花費了好大力氣，最後的結果呢？

即便讓你成功了，當下有種痛快的感覺，但那感覺能持續多久？而對你的人生有什麼正面的影響？那反倒是一種巨大的失落，因為陷於那種復仇的情緒中，你已經空白了一段時光，消磨了生命中的歲月。

自己也曾經有過痛恨的人，對於對方造成的傷害始終放不下，希望他早早得到報應。終於，在一段時間後，聽說對方公司營運出了狀況而倒閉，人也跑路了。

雖然當下得知消息時有種大快人心的感覺，但很快的內心又像是空了一塊，覺得怎麼會這樣？這不是一直是我期待的嗎？

事實上，正因為被那種恨意佔滿，自己那段時間也過得一團糟。好吧！就算是惡人最終得到他們應得的報應，然後又能改變什麼呢？我們的生活有因此而變好嗎？除了心中一時痛快之外，日子還是得過下去，你不會因為對方得到報應而飛黃騰達，也不會因為滿足了報復之心，而讓你得到幸福的日子。

事實上是我們一直糾結在過去的不愉快中，讓我們的生活停滯在那個點上無法前進，浪費了其他所有的可能機會、快樂幸福的時光，全被這些仇恨給破壞了。

帶著仇恨過日子，讓我們的心像是生病了，精神狀態也不會快樂，負面的情緒所吸引來的也是負面的磁場。那些仇恨會日積月累腐蝕我們的生活，將我們所有行為都導向一個不幸的世界。

那些快樂、笑語似乎從我們的生命中消失，不時的埋怨讓朋友遠離，那些恨意也會形諸於外表，讓你錯失許多好的機會、好的緣分，而你所想不開的卻是：為什麼沒有人站在我這邊？

仇恨形成孤立，因為大部分人都不希望跟那種情緒攪和在一起，這會是自找的，不能怪別人。

當我們心想著復仇時，那些已發生的痛苦就永遠都不會過去，它會不斷糾結在我們的心裡面，既使過了很久很久都難以消失。

這並非是要強迫一個人去原諒傷害自己的人，而是去劃清界線，別讓那些負面念頭把你困住。

用同樣的精神跟時間，讓自己過得更好，做更多有意義的事，不是更好嗎？何苦跟那些不愉快的人事物糾結在一起，浪費心神在不愉快的事情，對我們的人生只有破壞而已。

”

快樂幸福應該是建立在正向思考上，而非一顆仇恨的心。

“

打開你的世界

通常人都會有一種慣性。習慣躲在自己的舒適圈裡，跟同樣的人相處，談著類似的話題，過著讓你覺得安全而可靠的生活。即使有些無聊也不願跳出這個圈圈，要是說誰能影響誰，恐怕彼此都有吧！

習慣舒適圈的人，會漸漸把自己套在一個框框裡，用固定的思維跟行為模式去對待生活。就是因為習慣了，更會擔心跟生活圈裡的人有一點摩擦，或是害怕表達真正內心的想法。

其實這也沒什麼問題，只是這樣的舒適圈有時會變動，有時因為外來的因素或是人的改變，那些都是你無法預期與改變的。當生活一產生變動，往往就會變得無所適從，而讓自己陷於孤立無援的地步。

前陣子姪女哭訴被朋友排擠，大家都不理她了。一問之下，才知道原來是她被委託幫朋友舉辦生日會，卻沒想到那間餐廳無預警倒閉，害得大家出的費用全都索賠無望，朋友們都把這些不滿怪到她頭上。

「那根本不是我的錯啊！」姪女越哭越傷心。

在她那樣的年紀的確很在乎同儕的看法，尤其是當被排擠時，好像天塌下來一樣。而這樣的路很多人都走過，我想著該如何給姪女建議呢？

「放心，她們會回頭來找你的，就算沒有你也沒什麼損失。」

「這怎麼可能？」

「因為他們這樣的表現已經不適合當你的朋友了，離開他們是件好事，讓你有機會交到更多更好的朋友啊！」

我不知道姪女聽進去了沒有。但過一陣子她的社交生活又活躍起來了，再碰到她，她很開心對我說：

「姑姑，你會算命呀？我現在真的碰到更多更好的朋友，而且大家都會相互關心，現在我過得比以前更開心呢！」

其實，哪裡是我會算命，那只是一種人生經驗，有時候你最在乎的人跟事，往往是不適合你的，唯有打開心胸接觸更多的人之後，才會明白這個道理。

在一個群體中，或許是你的想法變了，變得更成熟些，於是覺得跟周遭的人格格不入，開始產生摩擦。起初你可能對這樣的狀況感到迷惑，以為自己做錯了什麼。實際上，也許問題不在你身上，而是這個圈子已經不適合你，你正逐步改變，而周圍的人卻依然習慣性的原地踏步。

封閉的心靈如何讓更多的好事進來呢？生活有許多的可能性，有時是我們自己主動去封鎖了，才會讓自己陷在泥沼中。是你讓周圍的人事物限制了你的發展，囚禁了你的心靈，以至於格格不入。如果這時候還要懷疑自己，那就是跟自己過不去。你的壓力應該是如何拓展人生，讓自己變得更好、接近那些你所喜好的人或事，而不是躲在安全的殼裡。舒適圈或許很安全，但沒什麼會是永遠不變的，只有訓練自己去適應不同的環境，才有無限的可能發生。

雖然新的環境跟事物或許會給我們帶來一點點的壓力，你可以用學習的態度視之。沒有任何事情是不勞而獲的，尤其是越甜美的果實，越值得你付出。

最令人喪氣的是那些毫無進展的關係所帶來的壓力，你覺得自己正在下墜卻一籌莫展。這時候就是一種提醒：提醒你該走出去，換個環境、交新朋友、去新的地方拓展你視野的時候了。或許外頭會遇上風風雨雨，卻能刺激你成長，改變你的人生。

“這世界還有好多美好的事物等待你去發掘，總有一些夢想值得你去實踐。”

不要讓善良成為被利用的工具

有一天，一位朋友氣沖沖跑來對我說：「快去把你投資在房子的錢拿回來吧！對方騙了我，他隨時可以賣掉那塊土地。」聽得我也緊張起來，連忙趕緊跑去處理。

這原本是我跟朋友想在國外共同買地蓋房子，朋友口口聲聲相信的對方，最後竟然淪為騙局一場。

我的錢是順利拿回來了，還不算太大的損失，但我的朋友可不同了，因為地是她買的，那幾乎花了她所有的積蓄。要是我可能真會揪心肝，但這位朋友是天生的樂觀主義者，果然沒多久，她便把這樣難過的事情拋到腦後了。

過了一陣子，好不容易遇到這位朋友。這次又聽說她投資了當地人的餐廳。

難道她受的教訓還不夠嗎？

「沒關係啦！助人為快樂之本嘛！至少我還有能力幫助別人，我比許多人還幸福。」我這位善良的朋友說。

我記得她以前幫對方做過別的生意，後來收攤了，生財器具也被賣光光，卻沒有半毛錢回到她身上。

過幾年，我很少再遇到這位「善心」的朋友，從別的朋友口中得知她工作的地方出了狀況被迫資遣，現在得靠幫人洗衣才能勉強維持生計。

我聽到這樣的消息相當替她難過，因為過去她所幫助的人，個個生活得不錯，孩子一個個長大了，有的人還當了外公、而他們會回報我那位朋友嗎？看樣子也沒有，甚至一見到我，還想重複對我那位朋友的行徑，希望我能「幫這一點、幫那一點」，讓人看了為之氣結。

我不知道那位多年沒見的老友，是否會後悔當年的行徑？是否會反省自己當年過於浪漫的想法，最後淪為傻傻被利用。如果當初她能替自己多留一點後路，也許今天不會過得這麼辛苦。

雖然朋友遇到的問題我也曾有過，但一次、兩次之後，我不會讓它發生第三次。雖然做善事不求回報，但你的善良有時是替自己挖了個坑，最後變得自己也被拖下水了。

我想說明的一點是：我們不是冷酷，而是防人之心不可無，有些人就是非常懂得觀察，鎖定那些善良又心軟的人下手。而那些善良的人一不小心很容易被那種苦苦乞求和聽來可憐的境遇而心軟，不知不覺掉入了圈套，給了別人利用的機會。

雖然善良是良好的品德，為了保護自己，最好還是學習避免去濫用。我們常聽到社會上有人形容的「爛好人」，不就是這樣來的嗎？

因為好講話而讓他人需索無度，常常忙東忙西不知所以然，最糟糕的還是被人在後面取笑說：「這個人怎麼這樣傻呀！」、「這麼好騙！」之類的話語。這時善良就成了一種軟弱，不懂得拒絕的弱點，一旦被人看穿，自己的生活反倒被搞得一塌糊塗。

別讓善良的個性變成你生活中的壓力。

第一步就是稍稍收拾起你處處「慈悲為懷」的心，多觀察一下、了解一下情況再決定出手。

不管你付出多少，最好還是衡量一下自己的能力。因為有些人的狀況是像無底洞一樣，你永遠也幫不完的。還不如試著教對方怎樣站起來，你點到為止，也算盡了一份心力，至於後果就不該是你煩惱的問題了。

千萬別讓善良成為自己的弱點，守住那道防線，想想看：其實你可以做的善事還很多，不需要拘泥在某件事或某個人身上，最後反倒讓自己成為「受害者」。

“善行應量力而為，不要造成生活中沉重的壓力。”

任何事情不是非你不可

有時我們給自己造成的壓力就是：凡事都想一肩挑起，總覺得自己有重責大任，別人都非得靠你不可。

好一點的說法是你非常有責任感，但某方面而言，是不是把自我過度放大了？

以前上班時，某位同事升職了，當然她的能力很好才會被提拔重用。但從一個基層職員忽然晉升管理職，她一時之間還適應不來，依舊像以前一樣拚命三郎的態度，卻忽略她的職責不再只是原來份內的工作，而是包括帶領其他屬下。

於是她只要稍稍看不慣部屬做事的方式，就乾脆親力而為，到後來把自己累得跟條狗似的，還兩面不討好。

上頭的大主管覺得她怎麼能力變差了？無法「管」好整個部門，而下屬則抱怨被侷限住了，好像無論做什麼都無法得到讚許。最後發現既然主管都一手攬去做，乾脆樂得輕鬆，最後倒楣的還是我那位同事。

就在一回她獨自加班到深夜，一抬頭望著寂靜漆黑的辦公室和窗外的萬家燈火，這時一股悲從中來：原來升官對她來說不是喜事，而是悲劇呀。

我們在努力的過程中，偶而也要停下來問問自己：究竟哪一個環節錯了？誰都希望享有權力，於是我們用盡一切力氣希望把事情最到最完美，但成功不光是「帶著鋼盔往前衝」就行了，還包括許多的技巧，包括人際關係的協調等等。

尤其當你越往上爬，跟人的關係越密不可分，這不是關起門來顧好自己的專業，其他一律不過問就可以的。

必須明白的是：當你權力越大，所要肩負的責任越重，這是無可避免的。如果認為什麼事都非自己不行、什麼事都一定要達到你要求的標準不可，那只會累死自己，同時也造成其他人更大的壓力。

當你覺得什麼都得自己出馬，沒你不行時，其實也犯了一個過於「驕縱」的態度。

事實上，沒有什麼人是不可被取代的。從歷史與自然界的循環都可以看出，即使取代的對方未必是能力更強的，但絕對會是最能適應環境的。所以我們必須看清，無論你掌握多少權力，都有可能瞬間被移轉，有時是現實、有時則迫於無奈。我們必須體認的就是。每個人其實在大環境中都是小小的螺絲釘，各有其重要性，當過度放大自己的地位，不僅給自己帶來更大的壓力，無形中也讓自己成了箭靶，招致反效果。

所謂「人外有人、天外有天」，有時我們需要適時放手，看看別人怎麼處理同樣的事情。經常你以為的「笨蛋」，對方也有一套你沒想過的妙招。

一個能得到認同的人，除了能力夠強，本身包容力一定是要夠的，因為能敞開心胸接納別人不同的作法，你才能更看清自己的缺陷，也能接納更多不同的意見。有些事情若別人能承擔，就放手讓對方去做，不僅能減輕自己所背負的壓力，也能從別人身上學習到更多。這無論放在事業、家庭、感情上都是一樣的。

沒有人逼你一定得十項全能，偶而擺低姿態也是讓身旁的人更獨立，更能分攤你所受到的壓力，不是嗎？

“**當別人的靠山是很辛苦的，偶而你也需要把壓力分攤出去。**”

PART 04

享受苦中作樂的坦然

苦中作樂

人生不盡然一帆風順，每個人或多或少會遇到生命中的低潮，無論是事業受阻、家庭跟感情的問題，如何保持心情的開朗以度過低潮，就成了人生必修的課題。

那些低潮會在我們生活中停留多久，任誰也說不定，唯一你可以掌握的，就是在這段時間如何自處，養足再出發的能量。當機會再度來臨時，就會有你發揮之處了。

特別是當那些挫折不是因為自己做錯了什麼，而是受到整個大環境的影響，懂得如何調適自己就更形重要了。

有些人會因為環境的改變而讓自己鬱鬱寡歡、甚至得了精神上的疾病，反映出來是焦躁、絕望。於是在希望來臨之前，已經被跌宕的情緒徹底擊垮。

但有些人卻能堅持到最後，安然度過這段低潮，最終破繭而出。這並不是他比別人厲害、比別人更聰明，而是懂得調整自己的心情，將它保持在最佳狀態。

當你無力改變環境時，就先改變自己吧！不是所有的痛苦都找不到一絲希望的，在最陰暗的角落裡，只要有一絲絲微小的燭光，都能顯得格外明亮。那些我們平常不在乎的微小快樂，反而能在最苦悶的時光，替我們帶來無比的力量，也放大了原本的樂趣。

有一種最懂得生活的人，就是無論遭遇什麼樣的打擊，總能找到平衡的方式：「苦中作樂」正是其中一環。

懂得苦中作樂的人是一種高尚情操，能把加諸身上的壓力轉化為另一種樂觀的態度，在最艱難的處境下找到一套抒解的方式。

這就像許多的喜劇表演者，往往私底下反倒是活得很不幸的一群，甚至也經常是一個憂鬱症患者。但越是能深刻感受到痛苦的人，反而能更加深對快樂的嚮往，喜劇大師卓別林就是其中一例。我們可稱之為「悲觀中的樂觀主義者」。

弔詭的是越能逗人發笑者，其內在反倒有比一般人更悲苦的經歷。這是經過醞釀之後所散發的成熟智慧，非一朝一夕可得。或許正因為經歷過苦難，讓他們更懂得剖析人性，能找出光明的方向。

世界文學名著經常可以看到這樣的描寫：那些被困在空曠小屋有家歸不得的人，可以藉由觀看經過岸邊的女士，藉由她們的舉止而揣測出一段背景故事；在大戰時期的邊境壕溝裡，困在漫長嚴冬的戰士，透過對樹上鳥兒的素描，讓自己的思緒得以飛翔。

如果你用正面的方式去看事情：低潮反倒是一種淬鍊，讓人更快變得成熟而有智慧，這是一般活在雲端的人所感受不到的，也是一種生命光輝的顯現。

一個有智慧的人，才會懂得既使是悲劇，也可以用一種黑色幽默的角度去看待，這也是對現實無奈的一種反擊，跟正面衝突不同，無形中戰勝了惡劣的環境。

如果能用更豁達的態度去面對人生，路途上的高潮起伏，會讓我們活得更精彩，平凡或許也沒問題，但卻少了某種東西，那是一種生命力，一種對人生的激情。

我們透過對生命的理解，更能從容面對挑戰，也將更懂得在自娛娛人中，找到生命璀璨的光輝。

“苦中作樂是一種藝術，更是人性光輝的展現。”

一念之間

我們經常會被一些事件壓得喘不過氣來，覺得世界像是壓著重重陰霾看不到藍天，或許那些事情看在別人眼中微不足道，但我們卻過度放大，以至於變得跟自己過不去。這時不妨試著調整一下心情。

關於心境的調整經常都在一念之間，如果你往壞的地方去想，就覺得處處是高牆，如果你能改變觀念，會頓時豁然開朗，什麼天大的難關都無法把你困住。

我們經常只需要小小的改變，就能激起巨大的漣漪，這可能在剛開始行動時無法想像的。這就是一個好的念頭所聚集的磁場能量。當你有了正面樂觀的態度，所表現出來的外表行為就會完全煥然一新，當然其他人自然想親近，反觀一個愁容滿面的人，相信很多人都避之唯恐不及，深怕被

「颱風尾」掃到。湘玲就是一個很好的例子。

那日下著細雨的午後，她獨自行走在大街上，路上的行人紛紛急著躲雨，她卻一點都感受不到打在身上冰冷的雨珠。因為她的心比外在的環境更冷。

她前去敲第一個門，朋友開門時嚇了一跳，問她出了什麼事？但朋友並沒有請她進去屋裡，只草草敷衍著表示家裡還有客人不方便讓她入內。她又去敲第二個門，得到的反應也差不多。接著她撥出第一通電話、第二通，直到放下疲憊的手，頹喪的坐在路旁，內心吶喊著：「為什麼沒有人要聽我說說話，為什麼沒有人願意安慰我，難道你們都這麼冷血冷漠。」她卻忘了自己在朋友前吶喊哭泣的樣子，就像是一個失心瘋的女人。最後，湘玲回到自己的住所，她念頭一轉告訴自己說：「也許，我從一開始就選錯了地方，選錯了人！」

於是開始打包，把那些回憶通通扔掉，換了住所，打算一切重新開始。她先是給了一個陌生人微笑，對方也回了她笑臉。接著，她看到一個天真的小孩朝她跑來，開心喊她：「阿姨！」

她也開心的笑了。

她沒想到，原來笑容可以改變一切，原來陌生的人也不陌生了。湘玲開始新的生活，也交到新的朋友、找到不錯的工作，一切都朝著美好的方式前進。沒想到過去曾拒絕伸出援手的朋友也一一出現，她這才了解到，當初他們拒絕她的原因，其實是被她陰鬱的模樣嚇壞了，希望留給她一個人的空間，讓她好好冷靜一下。

這個說法重重敲擊在湘玲的心坎，她這才明白：「說得對呀！那時候的我只會拖人下水，誰會希望跟著我難過一整天呢？」

不管湘玲後來是否重新接納這些「舊友」，但她相信沒有那些失望，就沒有現在幸福的人生。其實改變生活不是去依賴別人給予，而是從改變自己做起。

不管你現在遇到什麼樣的挫折，唯有改變心境，換個看事物的角度，對你才是有利的。

莫怪這世界太過現實，誰不喜歡陽光燦爛的天氣，跟充滿幸福光環的人接近呢，或許你只是受到一時的打擊，不需要把往後的生命都困在那裡，想想能做的事情還很多，換個方式繞過那些不愉快，事過境遷回頭來看，或許就會笑自己傻，原來那些挫折在生命中是那麼微不足道呀！

“看事情的角度不同，所得到的答案也會不一樣。”

從來就沒什麼道理

如果我們凡事都要求公平時，會發現身邊處處是無法伸張的正義跟公理，你為此感到忿忿不平，但你一個人的力量有辦法去抵抗所有嗎？

雖然說古人處世的哲學都是「明哲保身」為要，但心裡面總覺得這樣未免太自私了，只要路見不平總會想跳出來參一腳，但往往最後沒有達到預期的效果，反而惹了一身腥。

我一個朋友抱著快樂的心情到國外海島度假，卻在當地碰到許多令她驚訝的事情。

首先是她遇到一個伸手要錢的小乞丐，好心將身上的零錢給了小乞丐，誰知立刻一窩蜂冒出一群乞丐糾纏著。好不容易打發了這些人，到了另一個地方，又是類似的情況發生。為此，她整個心情大受影響。

「為什麼這些人過得這麼可憐，同樣是人為什麼有些人花了大把鈔票來旅遊住別墅，卻有人連飯都沒得吃。」這位朋友因而鬱鬱寡歡，整個度假心情都沒了。

後來，她終於遇到一個老外告訴她說：「這世界本來就是不公平的，當你看到那些貧窮的人會覺得難過，但這就是他們的日常生活，他們早已習慣，大家也就習以為常了！」

的確，沒有比較就沒有痛苦。後來這位朋友也釋懷了，至少在回國前的一段日子不再受困於剛來到時的情緒。

有正義感當然是好事，我們都樂見有更多有正義感的人，這社會才會往善的方向走。但很多時候，我們卻難免陷入「孤掌難鳴」的困境：到底什麼時候、什麼時機我們該進、該退，這就有賴於理智上的判斷。

這最重要的分辨，就是一個「局」字。到底現在的局勢你站出來有沒有用？

如果只是個人人身攻擊或扶助弱者之類的小事，我們當然可以付出舉手之勞，可是如果攸關整個大環境，恐怕你逞強只會撞得滿頭包。

你可能會因為不斷自責以及怪罪整個環境而悶悶不樂，給自己帶來龐大的壓力。這時候，你大概也只有兩個辦法：

拋棄一切投入抗爭或是隔岸觀火當個旁觀者。

當然後者絕對不是你想要做的那種自私的人，但是「拋棄一切」又可能做到嗎？

所有付出一切為了某種理想的人，通常背後都有一個龐大的團隊支持著，單靠一個人單打獨鬥是不行的，那只是白白犧牲、浪費生命。我們不一定要一肩挑起所有的不公，卻能等待時機，做一個最佳援手。

這不是一種逃避，而是認清現況。現實就是：這世界本來就充滿不公平。你能拿非洲孩子的生活跟先進國家的孩子來衡量嗎？在一個烽火連綿的國家，因為利益相爭總是犧牲了最弱勢的族群，那種不公的對待不是普通人可以改變的。

當然，作為一個有良知的人，當你看到無力改變的現狀，難免會有深深的挫折感，但那就是現實。現實世界裡很多事情並非按照規矩跟道理進行著。總是有些強欺弱、陷害、污衊等陰暗的事情發生。

我們能做的，就是盡好本分提供一些力量去幫助，我們無法改變大環境，卻可以從自己本身做起。不要小看那些微不足道的力量，有時能發揮的影響力往往大於我們所想像。

所謂「盡人事、聽天命」就是這個道理。當我們無力轉圜時，不如抱持一顆豁達的心態去面對。重要的是你知道原則在哪裡，什麼是是非對錯。別因為那些你無力改變的事情去折磨自己，給自己太大壓力，那只會耗損你的能量，對事情也沒有幫助。

“有些我們認為不公平的事，可能在另一個世界卻是一種正常的運行，學習用更豁達的角度視之，不要為那些無力改變的狀況壓迫自己。”

一時的失意

生命就像季節一樣有春夏秋冬，在陽光普照的日子總是令人開心，如何在陰霾的歲月中依然保持積極的態度，才是我們需要學習的功課之一。

相信很多人都知道科學家牛頓所發明的「萬有引力定律」，卻是在一次不得不回到鄉下老家休養期間意外發現的。

牛頓在十八歲進入劍橋大學，正當牛頓剛完成學士課程，帶著意氣風發的心情開始自己的研究工作，卻正好碰到歐洲鼠疫的疫情肆虐。於是牛頓回到了老家。在鄉下老家時，他並沒有閒著，依舊不斷研究關於物理學領域的知識。

某一天，牛頓坐在鄉間的一棵蘋果樹下沉思。忽然一個蘋果掉落到地面，激發了他的靈感：他發現所有的東西一旦失去支撐必然會墜下，包括任何兩物體之間都存在著吸引力，總結出萬有引力定律。這也令他名垂千古，成為偉大的物理學家。

在生命的低潮期，悲觀的人只會唉聲嘆氣，用很多抱怨來填滿生活，而心懷理想的人，卻從不會因此放棄，即使生活不如意，也能不斷充實自己，蓄積能量等待最好的時機再出發。

沒有人會永遠處在低潮，除非你放棄了自己。有時成功反倒是在人們最落魄的時候奠定的基礎。因為不向命運低頭，才有成功的可能。

只要有心沒有高牆能阻擋得了你，因為你能比一般人看得更高、更遠。是沒有什麼事能攔得住你的去向。

“**把失敗當成一個過程而不是一個句點，那麼困難就不能輕易將我們擊倒，總會有撥雲見日的一天。**”

轉移注意力

記得以前幫親戚帶小孩的時候，由於沒有經驗，常一碰到小朋友莫名其妙哭鬧不停，我就整個人慌了手腳。那時試過一些方法確定小嬰孩不餓也不是尿布濕，那究竟是什麼讓嬰孩那麼焦躁，只能用哭鬧來表達自己的意思呢？

後來我想到一個辦法：就是忽然指著一些東西來轉移他的注意力。「你看！是鳥耶！」、「水裡是什麼東西在動呀？」用這個轉移焦點的方法屢試不爽，再怎麼煩躁不安的嬰孩都會立刻瞪向你指著的地方，好奇的觀察著，忘了哭泣。

雖然我們都已經不是孩子了，相信這樣的本能都還存在著：試想看看，我們不都會被一些新鮮未知的事物所吸引，尤其是特別有趣的？

就像有時候你滑手機是為了找一些資訊，或者單純只是看看朋友的留言，卻沒想到滑著滑著卻被跳出來的廣告或網頁所吸引，結果一不小心時間就過去了，等放下手機已經一小時過去。

這也是網路平台最厲害的行銷：看似無害卻已經讓我們投入大量時間消磨在上頭。原因無他：就是那些琳瑯滿目想吸引我們眼球的資訊，分散了我們的注意力。

我想這也是網路迷人（跟有害）之處吧！

我們總是難以抵擋被一些花俏的、特殊的東西所吸引，讓你很難專注於真正想要的東西上面。

就像有一次一位朋友抱怨老闆不准員工上班時上網看臉書，她抱怨的理由是：「那是我上班想喘口氣的一點小小樂趣呀！」觀看網路訊息，似乎已經代替起身到茶水間閒聊的動作了。當然朋友有朋友的看法，當然老闆也有老闆的理由，就像上頭所說的，很多時候我們很難抵擋得了網路資訊的誘惑。」

因此面對壓力時的作法也有異曲同工之妙，雖然每個人有興趣的東西不一樣，但面臨巨大壓力下我們都需要轉移情緒的方式，否則任何人都很容易崩潰，因此試著轉移注意力，也是扭轉情緒的方式之一。

當然我指的不是要你去「滑手機」，你也可以試著把注意力轉移到你所興趣的事物上。那可能只是很簡單的一件事，但最好是你隨時都可以去做，不需要呼朋引伴的活動。譬如看一本書、畫一幅畫、看場電影、帶著樂器到山上吹奏一曲或是聆聽你喜歡的歌都可以。

過去我們可能因為太忙沒有時間去從事自己的興趣，都可以加入選項。

在從事這些活動時，不經意閃過的點子，也可能對你的現況有所幫助。因為老是執著於一個點，很容易將我們關進封閉的世界，而逃不出那個尖塔裡，但只要暫時退出就會發現外頭的海闊天空，能帶給你更好的腦力激盪。

那些興趣平時沒有培養沒關係，因為是你的天性，每個人喜愛的興趣不同，就算什麼也不會，找不同領域的朋友出來聊聊天、唱唱歌，也是很好的抒解方式。

重點是別把自己繃得太緊，適時尋求一個發洩的窗口，多看看周圍的事物，那裡存在許多可以讓你感動的細節，會讓你開心許多。快樂會是活力的泉源，當你全身充滿能量，再大的難關也壓不垮你，再艱困的處境總是會過去的。

“轉移注意力是讓自己放鬆的一種方式。”

初心

當我們走到一個困境，覺得做什麼事都不對勁時，相信伴隨而來的壓力很容易將人擊潰。這時不如回到初心，想想當初為什麼做出這樣的選擇？你又想為自己的人生交代些什麼？

我們做一件事總有它的理由，那些出發點往往是好的，只是很多時候事情的發展，並不是我們所想。有一路順風的時候、也可能跌跌撞撞甚至讓你懷疑：「我到底在幹嘛？這麼做到底有什麼意義？」

人都是健忘的動物，我們常走著走著就忘了當初來的目的。可能轉一個彎、甚至遇到挫折便放棄改走另一條路。於是這麼跌跌撞撞之下，覺得自己像是在繞圈圈，似乎永遠都得不到想要的。

其實這是一般人都會遇到的毛病，當初再美好的想像，都可能被現實打敗。於是放棄了理想，覺得那條路總是太艱難，而選擇了其他容易的路，我們的生活變得跟別人沒有什麼不同，繼續浮浮沈沈的日子。

無論是生活、感情或工作如果失去了當初的熱情，就變成每日的例行公式，這樣其實是很讓人氣餒的。

小玉和男友合夥開了一間工作室，最近營運上遇到一些麻煩，在不斷虧損的情況下，讓男友想乾脆收掉工作室回去當個上班族，但小玉的想法不同，她覺得已經辛辛苦苦打下基礎，怎麼可以就此罷手。於是兩人為此鬧得不可開交。最後男友使出了殺手鐧，警告她說：「不收掉工作室就分手。」

這讓小玉十分為難。因為當初開那間工作室，也是因為跟男友感情到了一個階段，兩人有結婚的打算。那麼如果她繼續堅持下去可能兩頭落空，這該如何是好？

最後小玉決定放膽一試，不想放棄當初的夢想。幾年後，她成功了，雖然男友已經娶了別人，但她還是遇到更好的對象，也展開了新的生活。

有些決定是需要帶點冒險，不是把你帶向成功，就是跌入萬丈深淵。但很多人沒有勇氣，寧可選擇眼前最有把握的，或許是最沒有壓力，也是最平坦的道路，但卻缺乏夢想，偏離原本的目標。

基本上任何人都希望生活一路平順、沒有大風大浪，但有人卻選擇了挑戰，多數人在阻礙的高牆外掉頭而去時，依然有些人挺立堅持著。因為他們不想在往後的人生中後悔，知道自己必須當一個最堅強的鬥士勇往前衝，或許前方等著的是更多未知的挑戰，但真正勇敢的人會記得自己當初為何而來，那些阻礙就不會輕易使他退縮。

哪有成功者不會經過一番煎熬，類似的困難每個人都可能碰過，在最困難的階段往往讓人忘記當初走到這裡的原因，因為所有美好的夢想已經敵不過現實的殘酷，而被拋到腦後。

常常是我們被糾結的心所困住，人生像是走進一團迷霧讓你看不清楚方向。當初所有的熱情都被過程中的挫折磨損掉，有多少人還會走下去呢。

如果我們回頭等於前功盡棄，你所花費的心血、時間都付諸於流水，但身陷困境又覺得無路可逃時，不如回想一下你的「初衷」吧！你為什麼會走上這條路，當初又是出於什麼樣的選擇？

想必初心絕對是帶著希望跟夢想，是跟隨著你的心意，只是過程的艱辛程度超乎你想像。這時來自四面八方的壓力卻告訴你：「夢想是不可能實現的。」

然而真是這樣嗎？誰的夢想不遠大，就因為難以得到，所以很多人打了退堂鼓，最後渾渾噩噩過一生。

僅記你所「最想要的」跟「隨便要來的」這兩個詞意的差別，有時沒有任何壓力的人生反而是最糟糕的。因為你將失去前進的動力，失去你追求目標的意義。

當我們堅持做自己喜歡的事時，那些困難與壓力反倒不覺得沉重，而是讓你可以精神奕奕迎向挑戰。

"當你懷抱夢想，所有的困難與壓力就不再是壓力，而是一種甜蜜的負擔。"

好好照顧自己

有時看到新聞內容是關於某某名人如何倡導愛與付出，結果最後卻是自己想不開，孤獨的結束自己的生命，令人無限欷噓。這種消息剛開始會覺得匪夷所思，難道對方在說謊嗎？為什麼一個教人如何去愛的人，最後卻讓自己成了最大的受難者呢？

其實不管宗教或所謂的心靈導師，認真去探究多數找上他們的是什麼樣的人？是積極樂觀還是頹喪失志的人們？

當然不！

一回我好奇點入算命頻道，裡頭討論的全都是一些感情問題，那是人們最無法掌握的一環，越是虛無飄渺越是想問問自己喜歡的人：「到底心在想什麼？」

對！這就沒錯了。俗語說：「窮算命、富燒香」，一個強者是不需要別人告訴他們該怎麼做，也不用別人幫著療傷止痛。唯有那些脆弱的人，才會十分渴望依賴，因此越是走向宗教心靈，必然大部分是需要心理療癒、對未來感到茫然的一群。他們求助宗教、算命師、或是心靈導師，然後這些師字輩的人就負責擔任起「付出者」的角色。

於是付出再付出，有些人扶得起來，有些人卻老是依賴成性，這是旁人所無法幫助的，日積月累下就成了他人（也就是救助者）的負擔。他們不僅承受了別人的壓力，也隱瞞了自己本身的困擾，這是一個付出者不會表現出來的，因為害怕失去信任、而刻意隱藏自己也有脆弱的一面。

沒有誰是聖人，即使再厲害的「老師」也不是聖人，他們也跟平凡人一樣會有喜怒哀樂，心裡會有過不去的關卡。他們能給予他人意見，但當問題出在自己身上時，卻不知找誰求助，如此才會發生意想不到的悲劇。

壓力不是一天、兩天造成的，當我們壓抑自己偽裝成一個強者就越痛苦，而且是無法訴說、無從訴說的委屈。因此，在我們付出的時候，是不是偶而也要停下來想想自己需要什麼？心裡是否也有過不去的關卡？

雖然懂得奉獻付出是一種美德，但也需要吸收更多的能量才有能力去承擔他人的痛苦，如果連自己都照顧不好，又如何有能力幫助別人呢？

不斷讓別人的負能量加諸在自己身上，那是對自己的殘害，因此每隔一段時間，最好停下來好好檢視自己的生活，需要把那些負面聲量暫時撇開，把自己放在最重要的位置，如此才能重新把自己調整到最好的狀態。例如：你有沒有需要完成的心願，有沒有適時關照自己，關心自己的身心靈健康等等。

懂得付出關心對別人來說，或許可以帶來很多的安慰，但千萬別忘了這也是有限度的。

畢竟每個人都應該為自己的人生負責，不管你是從事宗教甚至是親人、好友的身分，都不要過度關心別人的事情，這樣很容易把別人的包袱往身上攬，對方渾渾噩噩，而你卻因此累死自己。

能幫得上忙就幫，如果幫不上忙，你也要看開些，畢竟每個人都有自己要學習的「功課」，自己的問題最終還是得靠自己解決，對方需要「長大」，你只能提供方向協助他們，而不是介入他們的人生。

”

過度的擔心與幫助有時並不能得到感激，反而會讓人以為「那都是應該的」。

“

難過時不要硬撐

現代人都愛面子，要不然在臉書上怎麼會有那麼多炫耀文呢！大部分人的心態都希望能得到讚美，給別人看到自己最好的一面，鮮少有人願意暴露自己的脆弱。

於是表面上看到的現狀幾乎是一面倒，好像每個人都那麼光鮮亮麗，大家都過得幸福美滿，可是事實真的如此嗎？大部分也不過是一種粉飾太平的感覺吧！

社交網絡有時也是現實生活的一種寫照，有不少人為了顧全面子，為了保護自己的脆弱而掩藏了最陰暗、不如意那一個部分。

事實上，即使再有成就的人也曾陷入低潮及痛苦的時候。通常我們在硬撐的同時，也給自己累積不少「負能量」。那些毒素影響我們的不只是心理方面，還有身體的健康。試想看看：是什麼樣的個性和場合下，你會選擇心情低潮時還硬撐著。

第一：就是當陷入低潮時不願面對他人，抱著想逃避的心態。

對於朋友的邀約與聚會的時候選擇逃避。最主要的原因是害怕被戳破，或是看到那些比自己過得更好的人，相形之下覺得自卑、自憐。

這無異是在最需要朋友時，卻把自己關進象牙塔裡，在最需要溫暖與援助時，卻主動關上大門，這只會讓情況變得更糟，苦悶越悶越難受。

相信每個人都有脆弱的時候，我們害怕一旦講開，會不會遭到酸言酸語對待，而讓自己再度受到傷害。

第二：則是顧慮太多，對他人不信任或是拉不下臉來求助。

世界上的人本來就有好有壞，對於惡意批評根本可以視為糞蛆，不要因為少數人的惡意而拒絕其他人的善意。過度的壓抑反倒會引起不必要的誤解，甚至誤會你刻意保持距離，怎知其實你正處於狀況最不好的時候呢？

每個人都需要被體貼、關懷，溫暖的善意可以加快陰霾的消除，因此封閉自己其實是對自己的一種殘酷。承認自己的脆弱不是一種軟弱，而是忠於自我的表現。一個對自己充滿信心的人，即使一時不如意會讓他人質疑，但不會全盤否定自己。

這類人很清楚自己某部分的缺點，不會放大自己的缺點打擊自己整個人生。當你能從挫折中反省、改進，很快就能從谷底翻身。畢竟沒有人是十全十美的，人生中有順境也有逆境，我們需要學習的是勇敢面對問題而不是逃避。

敢於展現真實的自己，不害怕被人看輕，因為能坦然接受那些不好的一面，才是真正的自信，而且能很快撥雲見日找回幸福的人生。總是強顏歡笑、偽裝自己、害怕被看穿的人，其實更顯自卑，這麼做對自己有害無益。

適時發洩一下情緒是必要的，即便只是找個人說說話、傾訴心事，都有助於我們重整心情，甚至可以從交談中獲得釋放，不過重要的一點是要「找對傾訴的對象」，這其實很重要，就有賴於平常多交些益友了。

不管是面對人生的順境逆境，都要以平常心對待，不用過於壓抑自己。沒有人是永遠的強者，有時也給自己一個喘息的機會，承認自己的脆弱，其實並不會因此讓你的形象扣分，反而能讓你贏得更多值得深交的友誼。

“懂得求助不是弱者的表現，而是給自己再一次站起來的機會。”

PART 05

是誰說了算

盲從

一段時間沒有寫書了，之前曾描述國內一窩蜂的現象，但這樣的情況經過數年似乎並沒有消失的跡象，甚至越來越嚴重，好像並沒有因為人的年歲增長、資訊的普及而有所改變。

幾年前住家附近有個小攤販賣著同一種炸物好長一段時間了。那個攤位非常不起眼，顧著攤子的是兩個年邁的夫婦。攤子破破舊舊的，看起來一副飽經風霜隨時要坍塌了一樣。每次我經過都不禁會想：「這樣的攤子有誰會光顧呢？」

沒想到風水輪流轉，一次看到電視新聞有人跑去介紹了這家攤販，下次再經過時人龍竟然排到十幾公尺外。

我的天呀！在被報導之前，好幾年這個攤子根本就像是「養老店」一樣，沒想到瞬間竟然成了「金雞母」。雖然東西好不好吃是另一回事，但讓我不得不佩服的是「傳播」的力量，可以讓一個破落的攤子起死回生。

雖然我不是心理醫生，無從闡述這類盲從的行為，但光從表象看來，能說不是跟某種精神狀態有關嗎？

當無知跟衝動結合在一起時，往往很容易被牽著鼻子走，所謂的「人云亦云」，別人說好的好像不跟著搶就對不起自己似的。反之，如果忽然有人灌輸了錯誤的資訊，也很容易因此造成一股跟風，大家群起攻之，也不去辨別自己適不適合，或是你所附和的究竟有沒有道理？

或許有人認為：「反正跟著眾人的後面往前衝準沒錯的啦！如果真的出事還有別人擋著」。

乍聽之下好像有點道理，但你有沒有想過，可能因此損失了什麼？時間、金錢，甚至造成別人的傷害，這些都是無形的，是當下盲從時不會看到的。往往要等到事過境遷，我們才後悔自己的行為，內心吶喊著：「那根本不是我的本意啊！」

但又為什麼我們會把這當成「習以為常」、「直覺反映」下的動作呢？當下對自己愚昧的行為一無所感。

我想，很多時候並不是我們是笨蛋，而是受到群眾的蠱惑，讓我們暫時失去理智的判斷。而這種善於操弄群眾心理的手段也造就一種壓力，讓人不得不隨之起舞，以免跟「人際關係」脫了節。

譬如，當你的鄰居、親朋好友都一面倒說什麼好、都要去跟風時，你好像不隨著去做，就會遭到「冷凍」一般。這是一種人際關係上的壓力。

的確，人是群聚的動物，沒有人願意被孤立，被排擠的滋味是相當不好受的。因此有時我們迫於這樣的人際壓力，做出跟自己意願違背的行為，又或是衝動下的舉止。

因此讓自己冷靜下來思考是面對人際關係壓力下最好的方法。要能避免受到影響，保有自己的原則變得相當重要，堅持自己的原則說起來很容易，但堅持卻很難，這必須得時時刻刻提醒自己：「其實你跟別人是不同的，你是一個獨立的個體，你也有自己的想法跟堅持。」

在面對群眾壓力下，有時不表態就是一種最佳的脫身之道。或許，你可以找更多善意的藉口，也不需要立刻劃清界限，套句老話：「能懂你的人就能懂，不懂的人解釋再多也沒用。」

最後想表達的是：當你跟什麼樣的人為伍，往往就呈現了你是什麼樣的人。不要以為自己真的可以「出污泥而不染」，最好的方式還是跟那些與你不同調的人保持距離吧！

“當你沒有原則的時候，就很容易掉進盲從的圈套中。”

親情的綁架

「你再不回來就不是我女兒了！」一位媽媽在電話裡嘶吼著。當我跟家人到一位阿姨家作客時，聽到這樣對話。

一問之下，才知道這個阿姨有個女兒在國外學音樂，已經畢業快半年，這位阿姨很希望女兒能快點回國。

「阿姨的女兒在國外沒找到工作嗎？」我很好奇的問家人。

家人回說：「有啊！聽說剛應徵進去一個交響樂團。」

話說到一半，立刻被那個阿姨打岔：「什麼『交響樂團』？不過是一個小團體，在一些餐廳、酒吧表演的，錢少地方又亂，收入有一搭沒一搭的，唉！我真的很怕她學壞，要她趕快回來。」

家人笑了笑回說：「我看你是希望她回來陪你吧！」一語似乎說中了阿姨的心聲，她立刻嘆口氣說：「也是啦！你看，我年紀也大了，走路也不方便，我就這麼一個女兒，也希望她趕快嫁人有個好歸宿，可以讓我抱孫子。」

話說到這裡就打住。當時的我很不明白，既是如此，當年為什麼千辛萬苦，花了那麼多銀子把女兒送出國呢？是為了臉上貼金，還是將來充當「嫁妝」好看。過了幾年，再聽聞那位阿姨家的消息，媽媽提起：「那個阿姨的女兒發瘋了。」

這可把我嚇了一大跳，趕緊問明原因。

「她女兒好好的在國外有她的發展，硬要把她女兒叫回來，結果她女兒不適應回來之後的環境，整個人都悶出病來了。」這樣的結果令人唏噓不已。

類似的狀況是不是也曾出現在我們周遭呢？那些最難讓人招架的，莫過於親情的綁架：當我們的家人發出親情喊話，卻違背自己心意時，我們是該從還是不從？相信是很多人最難以突破的困擾。

在我們華人社會畢竟是以家族為中心，不管時代如何進步，受的教育多麼高，長輩下達的「指令」通常讓人很難抗拒。父母長輩們總有他們的理由，有些出發點是想為孩子好，但時代不同，接觸的觀念也不同，他們認定的往往跟我們所想的有很大的差距。

當然這中間還可能帶有私心的部分：像是你明明有夢想想要去實現，父母卻要你把儲存用來完成夢想的資金協助兄弟姊妹，這時你答應還是不答應？好像不照著去做，就會背負「不孝」的罪名。

如果這壓力不是來自父母，也可能是跟你最親近的人，像是男女朋友、夫妻、兄弟姊妹之間，當對方以激烈的言詞威迫時：「如果你不這麼做就跟你分手（或離婚）」、「你不聽我的，從此就不算我的姊妹了」等等，這也是一種親情壓力、一種感情上的勒索。

若不願意，好像就會造成親密關係的緊張，這對於個人來說是多麼糾結的決定呀！

對於這樣的情緒勒索，我們真的無法關起門來假裝聽不見、看不見，因為這些人的生活與我們息息相關，你不可能真的一刀兩斷、一輩子從此不再相見。當你不想破壞與親友間的關係，又希望能保有自我、實現自己的夢想時該怎麼辦呢？

如果我們不想讓自己走進死胡同裡，那些可預見的悲劇，即將發生在

「配合」親友意願時，「堅定」是唯一能走的路。

我相信，如果真是同一家人、真正的朋友，一定是你好才能讓別人跟你一塊好，當你幸福才能把幸福傳遞給他們，尤其是家人，只要一個人墮落全家都會跟著一塊捲進去，這樣的「乖乖聽話」難道就是最好的選擇嗎？

沒有人會是完美的，即使比你年長、比你有智慧的人都可能會有自己看不清楚的盲點。他們未能真正了解你想要的是什麼，有時只是憑想像認為：那對你會是最好的。

你所希望的生活、夢想，往往只有你自己最清楚，即使跌跌撞撞，那畢竟是你的人生，沒有人應該替你決定、為你掌舵。或許你會失敗，但也可能成功，但沒有親自去嘗試，永遠不知前方等著的會是什麼，你也將錯失一段最棒的生命歷程。

面對親情的綁架，我們需要有說「不」的勇氣。這個「不」字也許不是那麼直接，而是讓對方給你一些時間讓你去闖闖。試圖去說服家人，努力爭取屬於你的空間，即使短時間內不被諒解，但終究會讓他們明白：什麼才是你所追求的。

如果你過得不快樂，又怎能讓最親近的人感受到幸福呢？

記得，只有自己給自己壓力，永遠大於別人賦予的，如此我們才不會感到遺憾，也能將命運牢牢掌握在自己手中。

“前途靠自己開創，而不是別人幫你鋪好的路。”

情緒勒索

不知道您是不是跟我一樣很心軟，是個容易被說動的人呢？像我就是耳根子軟的那種人。當有人不斷在我眼前苦苦哀求，頓時便會讓我失了方寸，變得很難拒絕對方的要求，而忘了去證實對方所言真偽。往往因為一時的同情或妥協而答應了對方，最後卻替自己惹來不少麻煩，事過境遷後悔往往已經來不及了。

「我外公生病了得住院，現在我身上卻沒有錢。」

這在旁觀者眼中大概都會覺得是「老掉牙」的騙人手法，但如果發生在自己經常往來的朋友身上，的確會讓人頓時失去正常的判斷力。

尤其在人生地不熟的環境，自己曾經受到這位「朋友」的幫忙，但是他的熱心很快就露出馬腳，但當時的自己卻當局者迷。

「你來過我家，見過我外公，他經常記得你，對你印象很好。」

看我露出為難的表情，這位「朋友」繼續遊說著。

正因為去對方家作客過幾次，又知道這位朋友從小就是由外公外婆拉拔長大，本身就有些無依無靠，似乎不幫忙說不過去，於是當我點頭的當下，對方感激的模樣仍歷歷在目，過了一段時間該還錢的時候卻再也聯絡不到對方。就算你知道對方的住處，跑去他的老家發現老人家還好好的，但這個朋友早就跑到天涯海角了。面對一把鼻涕一把眼淚的老人家，我們又能怎麼辦呢？

「你怎麼這麼笨呀！我好幾個朋友都上過他的當啦！」終於有朋友跳出來說。總是，真相來得太晚，總是吃了虧之後才真相大白。

要不然就是你交往的對象，天天在你耳邊叨念「有經濟上的困難」，讓你無法拿捏到底該一刀兩斷，還是幫上「最後一次忙」。但相信我，那永遠不會是「最後一次」。或是公司同事一次又一次把工作推到你頭上，也習慣了得寸進尺，而你拿對方一點辦法都沒有。因為難以抵擋對方的「柔情攻勢」。

這類狀況我稱之為：「情緒勒索」。

情緒勒索大抵是兩種方式：一種是「說謊」，另一種就是「疲勞轟炸」，讓人最後不得不屈服在這種壓力之下。最後受害的絕對不是對方、也不是第三者而是自己當了「冤大頭」啦！

類似這種來自情感上的壓力，或多或少都會出現在我們生活上，只是事情的嚴重性不同而已。會為別人製造這種壓力的人，基本上都有一種「得寸進尺」的心態，你也絕不會一次就能逃脫，而是一而再、再而三的受到干擾。

因為這種人習慣把自己的問題推卸到別人身上，讓別人以為如果不幫忙，可能會使對方造成嚴重後果，於是只好傾囊相助。

說穿了，這就像一個高明的業務員一樣，擅長把「死的說成活的」，讓人不得不信以為真而買單。

當面對別人不斷「動之以情」、「死纏爛打」、「一哭二鬧三上吊」等等的手段攻勢時，到底要怎麼才能從這樣的「情緒勒索」逃脫？

其實，當下不管你找任何理由，在對方眼中都只是「小兒科」，因為他們聽不進去，也根本不當一回事。因此講也是白講、擋也是白擋，唯一你能做的就是起身離開。最好馬上從對方面前消失。

暫時走開是最好的解決方法，無論那是什麼樣的「藉口」，就算是假裝去上洗手間也好，總之，你一定要當下離開現場。這是給自己一點喘息的機會，也能讓自己可以冷靜下來，不至於隨著對方的說法起舞，你才能適時踩上煞車。

就算對方說得是真的也好，但那些問題是他們的麻煩，不是你造成的，那麼就讓對方自己去面對，而不是你去替對方承受。

面對情緒的勒索，即使背負上罵名，你也該試著閃開，否則等你冷靜下來，痛苦的就是自己，而不是那個給你製造麻煩的人。

“痛學會拒絕的勇氣，就在轉身離開的那一步。”

貶低他人並不會顯得更高尚

不同人在面對壓力時會有不同的做法，尤其是在遇到競爭對手，這時人性就全然暴露出來。

正面來看，競爭上的壓力會讓人力爭上游，各方面提升自己。但卻有另一方面的發展，也就是惡的方向，利用貶低他人來達到勝利的手段。這聽起來有點毛骨悚然，但很不幸的，在現代社會這種例子比比皆是。

你經常可以聽到有人說：「即使〇〇也沒什麼了不起。」套在許多詞彙上可以是：

「即使你是大學教授也沒什麼了不起。」

「法官就了不起了嗎？」

「你發明〇〇就以為自己很了不起囉！」

最後連「即使是總統也沒什麼了不起。」的形容詞都出現，但通常會有此說法的人學經歷都不會很高，或是根本就是個貪生怕死、好吃懶做的人，只喜歡耍嘴皮子。

當然回過頭來說，似乎成功是一種壓力、但不成功也是一種壓力。如果我們能往正面積極一點的想法，越多的攻擊，代表你被人稱羨的地方也越多，不是嗎？

存著「見不得人好」的心態，是無法讓自己成長的，而那些人本身為了能扳倒比自己更有成就的人，不用正當途徑奮發向上，反倒以一種「酸言酸語」的方式來踐踏別人，只是更暴露自己的自卑與心虛，以為如此可以讓自己有「資格」去批評對方，打擊對方。

大可不必如此吧！如果抱持著這種心態，只會讓自己停滯在「保溫層」中，更加暴露自己的無知和無所作為。

對一個有教養跟成就的人來說，面對這樣的批評，一開始會難以承受，畢竟在他們成長的環境是不會出現這類人物：感覺好像「秀才遇到兵，有理說不清」似的。與其跟這類人爭辯，不如冷靜想想今天批評你的是誰？這人跟你有什麼關聯？

被批評的壓力當然是會有的，但成功者看得清楚批評者的地位，也認得清對方說得到底有沒有道理，因此對於無理的評論根本不放在心上。

曾經有一位工作上的女主管，她的能力強，也樂於幫助其他剛入門的同事。但有那麼一次卻讓她的心裡很受傷。

原來是一位同事無法完成工作，因此前來請求女主管的幫忙，女主管好心利用加班時間幫忙查資料，最後終於幫同事完成了報告。就在心頭放鬆之際，原以為會得到感謝的話語，結果卻讓她失望了。

原來報告裡出現了一些細微的差錯，讓那位同事被經理責備。結果同事回過頭來「報答」女主管的卻是一句：「我看妳也不怎樣嘛！」

女主管為之氣結，雖然身為主管有義務協助屬下，卻沒想到對方非但不感激，還反過來抓她的「小辮子」。

「好心被雷劈，以後我再也不管這種事了。」那位女主管忿忿不平說。

這個事件在她心裡留下陰影，也影響了她跟其他同事的交流。從同事們口中的「好好小姐」成了「好人好事絕緣體」。

這樣值得嗎？恐怕最得意的是那位受幫助的同事吧！或許，這才是對方最終的目的。所謂：「我不好過，也不會讓你好過」，最終不是自己沉淪，就是拉別人一塊下地獄。

如果想避免受到影響，唯一能採取的就是「漠視」，因為這類人越喜歡打擊比自己優秀的對象，說穿了就是希望藉由對方的光芒讓自己也沾點光，能藉此受到別人的注意。如果你不想淌渾水，置之不理是最好的方法，更積極一點的行動就是避而遠之。

你有你遨翔的天空、對方有對方的路子，說什麼也無法交集在一起，又何必為此惹塵埃，讓自己的世界被搞得污濁不堪呢？

“有些話根本不值得回應，有些人不需要搭理，否則只會掉入別人的陷阱，無端替自己帶來災厄。”

「獨立思考」所要面對的

每段時間好像社會上都會流行一種「口號」，其實有些只是像「風水輪流轉」一樣，不時會被拿出來「熱炒」一番。就像最近很多人喜歡朗朗上口的「獨立思考」這的詞彙。

到底什麼才是真正的「獨立思考」？可能很多人只是掛在嘴邊，卻很少去深思其中的真意。以至於到頭來表現的還是一番「人云亦云」。這就像我們在社交網絡看到那些網友的酸言酸語一樣，明明不明就裡地跟著一窩蜂亂罵一通，卻又咒罵著表達相反意見的人，這到底誰是誰非呢？

要學會「獨立思考」也必須有面對不同聲音的勇氣，因為你所認為的可能會跟多數人反其道而行，雖然這並不代表你一定是對的，但能在一面倒的情勢下，有著不同的見解甚至能不畏懼壓力的提出，你說這不是需要有相當的勇氣嗎？

因此就整體來說，獨立思考也是會背負壓力的。正因為你的想法會跟多數人不同，當你表達出來遇到現代所謂的「酸民」，甚至那些聲音就來自你真實的生活周遭，可能會令你招架不住，導致你開始懷疑自己是否跟隨大眾的意見才是對的。

但哪個才是你真實的意見呢？何必因為別人而影響你原本的堅持，那麼也否定了你獨立思考的重要性，模糊了你跟其他人不同的地方。

這個社會的風向是時時都在改變的，當初被許多人反對的看法，可能過一陣子之後反而會成了眾人朗朗上口的真相。但當下能提出不同見解的人，的確得承受不小的壓力。

不過獨立思考如果掌握得不好，其實也很容易淪為偏激的行為。太急於想表現得跟別人不同，反倒走入了極端。

獨立思考並不是全然為反對而反對，而是聽從內心的聲音，經過理智的分析判斷，最重要的是超脫個人利益。不管對錯都是可以修正的，而在修正的過程中你將更明白箇中道理，這才是最終的收獲。

透過不斷的思考是一種訓練，也讓你對事件發生的當下反應，有了更透徹的了解，很多事情往往不是我們表面看到的那樣，而是有更深一層的意涵存在。這存在於背後真正的目的。

當你明白之後，就不容易被人牽著鼻子走，而成為他人利用的棋子，因此可以在一片混沌的消息中全身而退。

當你明白不同聲音所要承受的壓力，也就會視為理所當然，坦然接受批評與挑剔，因為你知道過了這一關，你將是最大贏家。

“有自己的想法並不代表是異類，而是更加證明個人的獨特性。”

別妄自菲薄

我們很難不被外界發生的事所影響，甚至影響了我們的行為模式，當你接觸的都是快樂的人，可能天天都笑口常開，如果不是呢？偶而我們也會因為朋友的困擾，而跟著一起煩憂，或是因為時事新聞而改變了心情。

經常在我們以為的太平日子中忽然被投下震撼彈，壓力不是自己產生的，而是環境帶給我們的影響，雖然我們是需要去體諒別人、關懷這個社會乃至國際問題，但千萬也別忘了自己的存在。

看到很多一到選舉時刻就成了政治狂的人們，最後還因此患了憂鬱、躁鬱的症狀必須求醫，這都是犯了一個「執迷」的毛病。雖然關心國事、有憂國憂民的觀念是好的，但過份投入的結果，反倒給自己太大的負擔。隨著那些政治人物起舞，最後能掌握大權的也不會是你。

不只是政治，包括生活很多層面，我們有時也會有太過投入以致走向極端的例子。像我曾看過一則新聞，在某地支持不同偶像的小粉絲，竟然可以為了自己的支持者口出惡言甚至大打出手，鬧得連被支持的偶像都看不下去出面調解。還有為了偶像結婚而去自殺的粉絲，這些都是「執迷」過頭的表現，旁觀者看來簡直不可思議。

的確我們都會有自己喜歡的對象、崇拜的偶像，只是有些人的對象是藝人、政治明星的不同罷了！我們可以表達對於對方的欣賞，卻千萬不要存有太多不切實際的幻想，否則走火入魔，反而吞噬了自己。

為什麼有的人會對於偶像如此執迷，包括一些芝麻綠豆事情都看得很重要？有某部分現象來自於：孤寂。

即使表面上看來朋友很多的人，也可能內心其實很孤單，那是一種不被了解的孤單，因此急需要抓住一塊浮木，導致在某個點上特別的依賴，特別是對人的依賴。

了解到這一點，你就能想通為什麼「某些人」會對某些對象跟事物顯得如此敏感跟執著了。

或許你曾充滿夢想卻無力去實踐，忽然發現有人正踏著你的夢想而來，於是抱著十分崇拜的心態產生依戀，似乎從對方身上看到了自己失落的夢想。

但是醒醒吧！那終究不是你，現實中的你並不會因為對方而改變什麼，除非你身體力行。

當我們喜歡一個人時，會不自覺地把對方的優點過度放大，而把自己縮到十分渺小的位置，這就像戀愛的感覺一樣。但事實上，那只是你的幻覺罷了！對方也有你沒察覺到的缺點，而你也有足以自豪的優點，不需要看輕自己呀！

有足夠自信的人是不會隨便被牽著鼻子走，也不會因為過度執迷而忘了自我。喜歡一個人不是一味討好，而是讓自己變得一樣好，這才是正向的思考，不是嗎？

為自己設定一些目標，多走入人群，真正能帶給你幸福的往往是周遭的人，而不是遠在天邊的星星。

別因為別人的耀眼而否定自己，不要去依附他人的光環，因為你終究不是對方。時時提醒自己才是最重要的，為自己而活，也就不會經常處於失落的狀態！

”要知道每個人都是獨一無二的，不要因為別人的優秀而否定了自己，其實你也可以做得一樣好。“

誰說了算？

這裡提到的，是有關於一種強迫症候群帶來的壓力。

我們都希望所有事情能依照我們所希望的樣子發展，一切都在我們的控制之中。但很可惜的，多數時候都是事與願違。

這就像「莫非定律」一樣：你天天都帶傘出門，偏偏有一天忘了，卻在那天下雨。你期待能遇到心儀的對象出現，卻偏偏出門老是碰到「痴漢」類似狀況應該在我們生活中上演無數次了吧？

人真正的期待一定會出現落差，當這樣的情形發生時，你會用什麼樣的態度去面對也影響你一整天的心情。

有的人會看得很開，輕鬆的聳聳肩告訴自己：「啊！事情本來就會這樣啊！」

但有的人卻是開始抱怨連連，覺得怎麼這樣倒楣？為什麼好事都不會發生在我身上？

其實不如反問一句：「誰不是這樣的呢？難道你會特別例外嗎？」

會把那些不如預期的事看得像天塌下來一般嚴重的人，大多屬於控制欲很強的人。他們不只希望那些無可預測的天候、環境變化能照著自己的意思發展，也會希望別人依著他們的指示走。

越是這種控制欲的人，越是會替自己和別人造成壓力。這樣的人壓力當然是來自於別人無法在自己的掌控中，而倒楣的旁人則身處在被支配的壓力當中，唯恐動輒得咎。

曾經遇到一個新朋友，一開始對方表現得十分熱情。當我們共同的朋友有個餐聚時，這個新朋友馬上熱情邀約。

不過當時我早已跟其他朋友說好不去了，因為那個聚會中有自己不想見到的人，但偏偏這位新認識的朋友，找了無數藉口讓人很難推拒。

「我待會去載你，我真的好想跟你碰面聊聊呢！」

「那我們另外再找時間。」我回說。

「唉呀！就順便跟大家聚一聚，人多熱鬧，也可以跟其他人聯絡感情呀！」

「可是我真的有其他事情呀！」

「有什麼事這麼急，就出來一個小時、要不然半個小時，如果你覺得不習慣，我馬上載你回家。」

我正在猶豫時，對方又說：「那不然，反正過去時順路，我有東西要送你，順便要拿給你，你就下樓來拿喔！」拗不過對方的堅持，我就這麼從下樓「拿一下禮物」到被說服上了車，去了那個很不想去的聚會，然後又待得很難過，而這位朋友口中的只需要待十分鐘變成了半小時、一個鐘頭，最後根本無視於你的處境，根本不像她打包票的會立刻載你回家。最後我只好自掏腰包上了計程車，趕快逃離那個不愉快的場合。

當然，後來那位新朋友立刻被我封鎖了，還是我又容忍了幾次不愉快的事件之後，我算是包容力很大了。

有沒有看出來這種人的特點呢？

就是可以舌燦蓮花，把死的說成活的，然後展現非常積極熱心，好像沒有你不行似的。其實最後你會發現對方最在乎的其實只有她自己。這種人希望所有人都能照她的想法去做，當然她們也擅於控制別人，一旦事情不按照她的指示走，這類人立刻會翻臉無情，簡直判若兩人。

簡而言之，這就是一種「強迫性人格」。

千萬別相信他們說的「溝通」，那不是真正的雙方達成協議，不過是想強迫對方全盤接受她的建議。

相信我們多少都遇過這樣的人，也許在我們個性中就隱藏著這類「強迫症頭」，不但造成別人的壓力，也把這種壓力帶給自己。類似會說出：「反正你聽我的就是了！」、「你不聽就是對我不重視」之類的話，大多說明這類人物的特質。想想，是不是有時我們也會有這種反應呢？

如果我們能更懂得傾聽別人的聲音、設身處地為他人著想，你會發現其實我們想給的別人不一定需要，我們給彼此的壓力都來自於「過於一廂情願」。

下次再覺得為什麼別人老是不領情，你一番好意被雷劈時，不如反省一下自己，是不是因為自己的強迫性格，才是造成不愉快的最大主因呢？

”強迫症候群不只造成別人的壓力，也為自己帶來壓力。“

想入非非

有時我們會陷入一種莫名的憂慮，為一些沒發生、或根本不可能發生的未來擔心，當這樣的念頭在心裡不斷膨脹，導致內心有許多不必要的壓力。

想得太多不盡然是壞事，往好的方面講是「未雨綢繆」，而另一方面也是代表鑽牛角尖的個性。有時別人明明沒這個意思，但就會把話裡的含意過份解讀，造成心裡的不舒服，又可能一些小小的聲音、動作，我們卻用放大鏡來檢視，搞得自己心神不寧，而別人也覺得莫名其妙。

記得以前上班時，有個同事把文件交給一個女生，當那個同事轉頭要走時，忽然冒出了一句：「笨蛋！」

這下可不得了了！那個收件的女生以為對方在罵她，平常就有點看不順眼對方，這下同事立刻為此起了衝突。

收件的女生委屈得到處說同事的壞話，還把現場描繪得誇張幾倍，所有的前仇舊恨一股腦上來。原本的小事被鬧大了，那名同事還被主管叫到辦公室裡罵了一頓。

當然那位被罵的同事一頭霧水，也跟著產生不諒解，兩人因此結下樑子。在「互相鬥法」之下，最終兩人都被請離開公司。

在外人眼中看起來是極不起眼的小事，卻會搞這麼大也感到不可思議。當然在「公說公有理、婆說婆有理」的情況下，旁人也搞不清楚到底誰說的才是真的，甚至為了避免得罪人而作壁上觀，最後倒楣的只有當事者而已。

可見「想太多」很可能替自己帶來不幸，也為別人招致禍端。而唯一能化解心中的結，開誠布公就成了相當重要的一環。

既然你懷疑，就最好去求證，了解事實的真相，這才是最好解決心中困惑的方式，而不是一個人關起門來想東想西，用自己的一套邏輯去斷定別人的意圖，最後導致不必要的誤會。

身上有這樣性格的人也最好經常讓自己放鬆一下，把問題暫時放在一邊，多出去接觸人群，轉移一下自己的注意力，也許那些念頭不過成了一閃而逝的小火花，根本微不足道。

這世界上值得我們去重視的事情太多了，不需要為一些小事傷神，試著跳脫當下情境，會為你帶來更寬廣的視野。凡事都有多面向，你從不同角度去看，得出來的結果也會不同。

不是所有事情都值得帶著科學精神去鑽研，尤其是別人一句不經意的話，下意識的小動作，經常都不具任何含意，只是人的意念作祟，太過小題大作，根本是自找罪受。

容易鑽牛角尖是性格上的一種毛病，讓我們陷入低潮跟負面的思維，當你越朝著不好的方向去想，問題就好像變得越嚴重，這樣的生活很難快樂起來。能看開一點，最好還是看開，即便覺得有人說了不好聽的話、或對你有粗魯的舉動，只要那不是真的傷害了你的尊嚴，就別太認真去計較。當你不把它放在心上，那些不好的事自然就會遠離。

或有時當你討厭某個人或某件事情時，總會不自覺把對方的行為或問題放大，有時根本沒有的事也看得很嚴重，這並不會對他人造成損失，而是讓自己受傷。有時學著大器一點也是一種幸福，不是嗎？

"天下本無事、庸人自擾之。"

真知與拙見

這個標題其實類似「先知先覺」跟「後知號覺」的道理。就是當你的想法是對的時候，卻遇到一群人抱持背道而馳的觀點，那麼你要堅持己見還是隨波逐流？

當然，跟著群眾的腳步走，路會顯得比較輕鬆，畢竟天塌下來還有人擋著，但如果這是違背了你的心意，恐怕面對內心的煎熬，會讓你感到前所未有的壓力。最主要來源就是讓你失去自我。

做自己需要勇氣，要表達出跟大多數人不同意見更是困難，這需要非常堅定的信心。往往群眾都是盲目的，不管是非對錯，習慣「西瓜偎大邊」，誰的聲量大就挺，於是即使那些是愚見都可以不經證實，只要聲量大就行了！當你跟著那類的群眾攪和，就很容易被那些聲音洗腦。

真相總是會遲到。歷史中許多的發明跟遠見在被人提出的當下，是引起強烈的公眾批判的。在中古世紀人們還相信地球是方的，誰說是「圓的」立刻被打入十惡不赦的地步。就現代人看來，反倒會嘲笑當年對地球方形的描述，誰說當年提出說法的人不會覺得是荒謬的對比呢？

世界文明不斷的進步，我們發現過去不可能發生的或是唐突的理論，後來都慢慢得到證實。這正證明了這世界有太多的可能性存在我們還未發覺的地方，因此又怎能對一個推論妄下定語。

對於聰明人總是能洞察先機，他們是屬於先知先覺者，這樣的人會活得比較累，因為要等後知後覺者趕上，必須耐心等待。然而那些不知不覺者就不用講了！通常都是牆頭草，只要最後被認可的事，他們推翻先前的指責也不是什麼稀奇的事。

人很大的壓力會是來自於無法做自己，說你想說的話，做你想做的事，過你想過的生活。是什麼阻止了我們？很多時候其實問題就在自己身上。

當你覺得有道理的事，卻不去行動，讓自己退到一個舒適圈裡，蒙蔽內心真正的聲音，終將讓我們失去更多。明明可以做到，也具有先見之明，卻屈服於他人的壓力，那是非常不值得的。

能先一步看透真相的人總是比較痛苦的，因為往往要承受不被諒解的痛苦，這壓力可能會讓你深深覺得孤寂，甚至開始懷疑自己，信心也開始動搖。

不過，我們也無須太過自信，堅持己見或許也有犯錯的可能，但是這也得看看批評者是誰？

我們很常碰到那些攻擊的聲音往往來自水平跟見識比我們低的人，這類人又特別喜歡聚集一起，不分青紅皂白，以踐踏別人提升自我身價。這時，你還要被氣得跳腳，拿這些當回事？

當然不！如果我們與那些愚蠢的人一般見識，就是把自己拉低跟對方一樣的層次，不管你說得多麼有道理，對方也不會聽懂，有鑑於此，就省下那番力氣，做好你自己就夠了。

你說現在社會有沒有這種人？當然有，而且還有越來越多的傾向，特別是網路發達之後，所謂的「酸民」越來越多。那些人躲在暗處，總是喜歡到處踐踏人為樂，你又知道對方是什麼人？因此跟你完全不認識，也無法知道背景的人去計較，就是自尋苦惱了。

“別把他人的拙見看成自己的壓力，你所需要的只是多些耐心等候，等那些後知後覺者趕上的一天。”

PART 06

活成自己喜歡的樣子

船到橋頭自然直

現在年輕人流行一種「佛系」的生活哲學，大抵是面對大環境的不景氣，買房、成家立業的無力感，讓很多人乾脆選擇放棄，不去想，不去期待，只求及時行樂就夠了。

這種「佛系」換作另一個說法，也就是隨遇而安的生活態度，不做任何計畫，看命運之河會將自己帶往何方？

雖然嚴格講起來，這是一種逃避的心態，很多長者不認可，但換個角度來講，有時我們面對巨大壓力接踵而來時，你無法一次解決，隨遇而安這樣的心態，反倒是給自己鬆口氣的方式。

但當我們困在一堆難纏的問題中，這也想處理，那也想解決，卻把自己弄得像陀螺一樣空轉。

有一位朋友把公司的案子搞砸了，原本就看他不順眼的「小人同事」趁機又推他落水，眼看工作岌岌可危，這時女友又跟他鬧分手，搞得他焦頭爛耳。當工作必須加班時，他心裡還在想到底該找時間去跟女友示好，還是繼續留在公司加班呢？眼看這個節骨眼房租租約也到期了，他到底是該繼續留下，還是離開這個紛擾的地方。

好像那陣子，一堆麻煩事全找上門來。不只一項挫折，但擺在一起卻是同樣的重要。往往我們就會陷在裡頭很難做抉擇：應該先解決哪一項呢？

其實再厲害的高手也無法給每個遇到困境的人明智的答案，如果你自己都搞不定的話，又有誰能來告訴你，什麼才是你最該解決的問題呢？無論先處理哪一項都可能連帶讓整個結果變好或是變壞。

我那位朋友最後決定留在公司加班，過兩天反而意外接到女友回頭講和的電話，接著房東也來敲門，很樂意將房子繼續租給他。

他好像什麼也沒做，只做了其中一項，卻連帶把其他兩樣問題都解決了！你覺得這是「好運」嗎？的確是，說是「意外」也通，這就是「佛系」隱含的意義。當你太耽溺於其中反而找不到真正解決的辦法，不如跳脫出來，用另一種思維，就是盡量做好你份內該做的事，有時一個問題解決了，還真的什麼都通了，你的麻煩也瞬間都消失了。

其實這也是一種「自然法則」。所謂「事緩則圓」，我們經常太過執著於某些問題點上，反而被那個問題困住，像無頭蒼蠅般在玻璃窗上橫衝直撞，最後一事無成。

事情緩一緩、退一步換位思考，反而更能看清楚問題點，或是可以讓問題淡化，之後一切就應刃而解了。

當然問題不會自動消失，只是我們多花一點的時間去消化它，給自己一些時間，也給別人多點空間，你會發現：其實問題或許不像你想像中那麼棘手。

很多時候我們不過是給自己找麻煩，因為過度擔心帶來壓力，但真實的狀況也許沒你所認為的糟糕，你只需要多點耐心，事情就可能轉變得很好解決，這也是「佛系」的道理喔！

未來是一個未知數，又何苦執著於眼前的難處放不開呢？如果我們一直用悲觀的態度去面對，所有狀況可能導向悲劇；若能放開心，用順其自然的心態去應對，壓力自然會慢慢解除，你將會得到一個更好的答案。

有些事情是看「緣分」的，尤其那些我們所無法掌控的問題，似乎越去努力越得不到你想要的結果，特別像是感情或運途。人會變，環境也會改變，你不知道未來會把你導向何方，而你能做的就是盡量做好自己，一旦成功擺平一項，後面的好事就會接連發生，這也是一種「自然法則」。

“別把自己逼得太緊，有時適時的放手反而會讓你得到意外的好結果。”

學會原諒

最近因為網友推薦看了很多恐怖片。綜合劇情看起來，都不脫「挾怨報復」、「不甘心」，可見一個人生前的無奈，可能還會延續到死後的世界，似乎永難以彌平。

當然，死後的世界是怎麼樣我們難以猜測，那些也都是活人想像出來的橋段。如果我們真的無法解決生前的問題，還要帶到另一個世界去煩惱，靈魂是不是太辛苦了些？

人的一生難免有苦有樂，有些人可以輕易用喜樂的心情把那些痛苦彌平，但有些人卻執著於痛苦的循環之中，即使應該是要歡樂的時光，卻仍愁雲慘霧。究竟要如何脫離那些痛苦，就是我們應該要學習的之處，否則這些苦痛就像肩上卸不下的重擔，深深影響著我們的一生。

當我們聽許多人說「放下、要放下」，但你不是當事人，又怎知當事人的苦，有時那種心裡的結是打不開的，於是激烈一點的人就會想到「報仇」，希望讓對方不好過。這種仇恨意識會將我們的未來都斷送在這場「戰役」當中。

報復是一種發洩的手段，有人會以為如果我讓對方也不好過的話，我就贏了。但真的那一天來臨，肯定會悵然所失。因為你把許多光陰都浪費在這件事上面，即使達到目的，但實際上你又得到了什麼？

放過別人，也放過自己吧！這世界值得我們關注的事情太多了，當我們重心不在追求更美好的明天，現在的痛苦就會牢牢將你攫住，你的生活就會在原地打轉無法前進。只有懂得放開，你才能自由飛翔。

放下是一種氣度，原諒別人，更是對自己的寬容。

雖然要做到原諒是不容易的事，尤其對方對你的傷害如此之深，可能破壞了你的人生，讓你失去財富、感情，甚至信心。雖然我們還沒有到達聖人的層級可以「謝謝你，傷害我的人」，但至少可以做到「減少自己的損失」。

只要換個角度想：事實已經發生了，傷害也都造成了，難道你還要繼續傷害自己、讓自己沉淪下去嗎？這不是反而讓親者痛、仇者快嘛！

魔鬼就是希望用盡各種方式打擊你，包括你給自己帶來的傷害。

原諒不一定是真的原諒對方，而是放過自己。當你可以無視那些惡毒的言行，惡行就無法真正傷害你，而且你會因此學會保護自己，學習避開那些帶給你負面影響的人們。

有一種說法是：「最好的報復方法，就是讓自己過得更好。」這句話說得一點也沒錯。我認為初學者的功力要先放在「學會漠視」，當你把加害你的人當作空氣，反倒會讓對方陷入迷惘，認為自己百般算計為什麼卻無法得逞？這時痛苦的不會是你，而是對方了！

當你不把問題放在心上，那就是一種「原諒」，當我們選擇不原諒時，身心都會被打亂，容易充滿負面力量，終至無法控制而失去自我。當你放過對方、也就放過自己，所有陰霾將離你遠去，而你值得過更快樂的人生。

“不要浪費時間跟一個惡魔糾纏，那只會浪費你的時間，折損你追求幸福的能量。”

獨處的哲學

人都害怕孤單，但有時候的確需要一個人的空間可以靜一靜，讓你可以沉澱思考。

獨處並不是不好，也不是孤僻的象徵，遠離了人群，反而你會有更清晰的判斷力。

人屬於群聚的動物，自然而然會害怕孤單，怕被排斥，想尋求歸屬感。這從年少時期就可以看出，同儕對一個人的影響力有多大，譬如看到同學或朋友擁有什麼樣的手機也想擁有，同伴們玩的線上遊戲也想參一腳，通常以同伴的意見為意見，甚至讓它凌駕於自己心底的聲音。

長大之後不管進入社會或私下的朋友圈，我們依然會選擇附和多數人的聲音，就算心裡開始產生不同的想法，但還是不敢表達出來，怕被團體所排斥。

簡單來說：雖然公司裡員工領的是老闆的薪水，但雙方是站在不同的立場。你很少看到有員工都說老闆或上司好棒棒的！大多還是會找出一些嫌棄的缺點，成為同事茶餘飯後的話題。

類似的狀況小到學校、家庭、公司，大到區域、國家、政治乃至全世界都會產生各種不同利益的團體，這也是為什麼會出現種族主義、左右派等等立場。

不過不可忽略的是人不是那麼單純，正因為每個人都有獨特的個性，這也是我們之為人的特質。因此即使把自己歸屬在那個團體，也不可能所有的想法都與團體一致，難免會出現矛盾和衝突的地方。

其實想像同一個家庭出生的兄弟姊妹都不可能完全意見相同了，更何況是外面的朋友。

每個人的思考方式、看事情的角度不同，有時會造成我們跟團體的抵觸，這時你該壓抑自己的想法，還是勇敢表現出來。

你的狀況其實只有你自己最明白，至於那些在一旁敲邊鼓亂出主意的人，如果事情依照他們想像中發展還好，萬一不是而是更糟呢？你聽從別人的意見照做了，但對不起！亂出意見的人可不會幫你承擔責任，最後的結果還是必須你自己承受。

還有一種更糟的情況是被慫恿。太多喜歡推人出去當砲灰的人們，他們可能用一種激化的情緒來影響你，讓人誤以為那是一種勇氣，甚至從旁給予掌聲，等你不顧一切帶著鋼盔往前衝時，那些人就等著看好戲、看能不能從中撈點好處，而你經常就這樣成了犧牲品。

叫別人去做比較簡單，自己則寧可躲在後面等著他人開疆闢土來承接好處，這種塑造英雄主義讓別人去犧牲的心態很不可取，而我們還要傻傻被利用嗎？

俗語說：「眾口爍金。」一群眾的心理往往是盲目的，身處在那樣的氣氛你很難清楚的判斷，唯有一個人獨處才能讓你冷靜下來，思考最好的對策。

不要因為團體的聲音而給自己帶來太大壓力，有時離開一下對自己是好的。不需要強迫自己去附和，也別勉強自己硬要和觀念不同的團體連結在一起。

相信自己心裡的聲音，試著走出去，你會發現其實孤獨並不是不好，反倒讓你找到一個海闊天空的世界。

“不要迫於團體的壓力去改變自己，學會跟自己對話，在獨處的時光中靜下心來，審視自己，當你看到了自己的缺點，並去改正的話，你的能力就會有所提升。”

你的「好朋友」，也把你當朋友嗎？

有一種朋友平常一起吃喝玩樂，相處得很快活，但是當你陷入低潮時，突然大家都一哄而散了，剩下來還會關心你的人，可能只是在觀望你什麼時候可以再站起來，繼續一起吃喝玩樂。

人在意氣風發的時候，感受不到這類狀況，好像自己朋友很多，那些人都跟你「麻吉」得不得了。是不是真的「好交情」，往往只有當你遇到挫折落難的時候才能真正看得清楚。

或許很多人會以一種正面的「思維」告訴你：「人本來就是喜歡親近成功、有身分地位的人嘛！」

但這有一個盲點，就是那些「如在雲端的位置」是一開始就有的嗎？幸運的人可能本來就是含著金湯匙出生，你也可以稱之為：「人生勝利組」。但畢竟這是少數，大多數人的成就還是歷經辛苦奮鬥而來，生命中總有高潮起伏，在低潮時默默無聞，成功時眾人拱戴，這就是現實人生。往往我們都要歷經一段波折，才能透析那些人性。

有的人成功來得早，很早就被人前呼後擁，當然把所有人的對待當成理所當然，從來沒有懷疑過真誠與否。人際關係從來就不是他生活的壓力之一，但曾經失敗過的人，就能深深體會「人情冷暖」的滋味。

其實從現在流行的網路社群就經常可以看到明顯的例子。你加入某些私人社群的時候，剛開始大家都會對新來者表現熱情和友善，但漸漸地你會發現裡頭有些人根本無足輕重、可有可無，就算退群了，也沒啥人關心。一旦那些有身分地位的網友退出，立刻會引起一陣波瀾，眾人通常會紛紛關心發生什麼事？

也許根本沒事，只不過對方太忙了不想加入太多私人社群，又可能對方不喜歡社群中的某些人所以才退出，但所有人對他的關注卻彷若靈魂要角似的。這和現實社會其實沒什麼分別。這樣的社群團體如同「酒肉朋友」的狀況差不多。總是看高不看低，這些完全與待人處世或性格沒什麼關聯。

因此當你發現自己在一個社群團體沒什麼重要性，其實也不用感到難過，或急於表現，看開一點！其實那些對你真實生活一點幫助也沒有，就不用鑽牛角尖了。

酒肉朋友除了會讓我們身陷低潮時感到失望，在生活中也會造成某種壓力。

尤其在自己狀況不好時，無疑是在傷口上灑鹽。真正的朋友不會是這樣的，可以「同甘共苦」的朋友是可以讓你打從心中感到溫暖，而不會帶給你任何壓力的。好的朋友會鞭策你，而不是吐嘈折損你的自信；真正的友誼更會在你艱難時伸出援手，而不是只想分享你的成就。

當我們在團體中感受類似壓力時，千萬別懷疑：那不是什麼真正的朋友，也不是你該浪費時間的對象。慎選你所處的環境與人，為自己找到一個無憂無慮的天堂，讓你可以專心經營自己，達到你所理想的生活。

”

別讓人際關係造成你生活上的巨大壓力，要避免這個危險就先從慎選朋友開始。

“

成功的道路不需要別人指指點點

人生總會碰到幾次的重大轉折，不管是唸書或出社會工作，都會有決定你往後發展的關卡，「是」或「不是」、「往左」還是「往右」讓我們困在十字路口，感到一股沉重的壓力。

我們都希望未來更好，自己的選擇都是最正確的，所以表現相當謹慎。無奈未來難以猜測，我們才會陷於矛盾的路口。

這也是為什麼很多人會去算命，期待有一個「大師」來解決心中的疑惑。我們在很多時候習慣去重複別人走過的路，總是輕易放棄自己決定要走的路，事實上，沒有人真的能決定你的「未來」，除了你自己。

當然能用推論去斷定好或不好的還算簡單，偏偏擺在前面似好似壞的，就像「魚與熊掌」不可兼得，那才是心中最大的痛苦。

一位同事離職後，面臨著該出國唸書，還是待在國內繼續找下份工作的選擇，內心感到十分迷惘。她找了我們這群要好的同事出來聊聊，希望大家給予意見。

「出國好呀！見見世面，而且有了更好的學歷將來也可以找到更好的工作呀！」一位同事說。

但也有人不這麼認同。「你跟男朋友的感情不是很好嗎？異地戀很容易出問題的，等你出國念書，幾年之後回來環境都不知道變得怎樣了。」「你都老大不小了，在國內尋求一個安穩的生活不就好了，何必如此漂泊？」

被同事們這七嘴八舌一講，同事更是舉棋不定了。因為這些意見摻雜著感情、生活的因素，讓同事不得不考慮進去。

過了一陣子，聽說那位同事還是出國了。她告訴我的原因是她很想去看看這世界，覺得現在不做將來一定會後悔。當然我也是給予鼓勵，畢竟那是她的選擇。

後來很久很久沒有這位朋友的消息，最後從其他友人口中輾轉得知，她現在在某間公司當行銷經理，而且也結了婚，帶著兩個可愛的孩子回國定居。

聽到這消息很為她高興，而當初其他同事考慮的問題，似乎也沒發生。畢竟她選擇了她所嚮往的世界，即使真的如反對的同事所言的後果，相信她依然不會覺得後悔，畢竟有些夢想不及早追求，就很可能錯過時機，衡量之下，一切還是值得的。

當我們感到猶豫時，往往忘了聽從心底的聲音。有些時候我們的直覺是最準的，但經常都會把它拋棄，反而到處詢問他人的意見，最後訊息太多，心理變得混亂、不安定，而不知所措。

有些人會說直覺不就是一種感覺而已嗎？

就某種角度而言是的，但「感覺」會因人而異，根據個人的性格和背景而有所不同。或許你認為這樣做對你比較好，別人卻不一定這麼認為，這就是直覺。反過來說，「直覺力」也會是我們成長過程累積的意識，可以幫助我們做出更適合的選擇。

因此，你會發現，當你選對了路，好像一連串的好事就會連帶發生，似乎命運之神也默許著推動你走向彼端。反之，那種做事老覺得卡卡的，像是被阻擋在高牆外，任憑再努力都跨越不過那一道障礙。

直覺也是一種你內在真正的聲音，循著那樣的聲音去行動，就算犯了錯，你也會心甘情願去承受。

Netflix「療癒動畫影集」《拉拉熊與小薰》裡有段話說：「走好自己的路，追求自己的夢，不嘲笑誰、不埋怨誰，更不羨慕誰，這就是一個美好的人生。」我們必須認清一點：沒有一個決定是完美的，我們選擇的也許不是一條「成功」的路，也可能不是一般人會選擇的道路，但只要忠於自己的內心，即使失敗也不會覺得遺憾。

相信自己是最重要的，他人的判斷都只能當作參考，不要被牽著鼻子走。畢竟你的人生是屬於你的，再親密的人也不可能代替你過你的生活。當你想通了這一點，就不會覺得抉擇會帶來那麼大的壓力了。

尼采說：「你有自己的路，我有我的路，至於適當的路、正確的路和唯一的路，並不存在。」你的直覺力跟你的個性、能力及成長背景有關，有助於你選擇一條明確的道路。

學會承認錯誤，是放下傲慢的開始

這個題目跟承認失敗有異曲同工之妙，只是不同的輕重而已，但同樣都是一種願意承擔的性格，能幫助我們更為獨立堅強。

俗語說：「犯錯是成長的開始。」沒有人是神，誰能不犯錯呢？但從面對錯誤的態度，就可以看出一個人的前景，更是決定成長與否的關鍵。

多數人犯了錯都抱著急於掩飾的心態，希望永遠不要被別人發現，於是為了這個錯而去圓更多的謊，終日提心吊膽。真相總是會隨著時間而水落石出，最後被人抓包，因此被別人完全否定了你先前所有努力，背負一個扯謊的罪名，就此失去的將是所有人的信任，恐怕比所犯的錯更嚴重。

一位朋友提到他曾經遇過一個很難忘的事，那是關於一段友情的故事。某天有個朋友焦急的來電，表示家人生了重病，需要馬上進醫院開刀，因此急需一筆錢。當時他問朋友需要多少錢，然後就盡快匯錢過去給他朋友了。

那個借錢的朋友，和他是「拜把兄弟」的交情，所以當朋友有難時，一定挺身而出，鼎力相助。然而隨著時間一天天過去，那位借錢的朋友該還錢的日子到了，可是卻找不到人。好不容易又過了將近半個月終於露面了，卻見他一臉憔悴的訴說家人還在治療中，他的經濟狀況堪慮。

他當然一句：「沒問題！」義氣相挺。但奇怪的是從此之後，對方就像是失蹤了，一拖再拖，避不見面。

某天好心的朋友剛好出差，就想順道去拜訪一下那位借錢的朋友，竟意外發現對方的家人都好好的，根本沒有人生重病。朋友當下得知真的氣壞了，立刻衝到朋友公司樓下當面指責對方。不管對方怎麼解釋，甚至想辦法要還了這筆債，但這份友誼還是因此破碎了，因為他再也無法相信那個借錢的朋友了。

或許借錢的朋友有別的難處，只是認為以這樣的藉口似乎比較容易

「通關」，卻忽略了「信任」這個問題。

朋友跟我提到：「要是他早點告訴我實話，或許還不會到絕交的地步。」問題就出在對方一而再、再而三的說謊，直到最後被揭穿了，那個遲來的「真相」，已經讓這份信賴感完全瓦解。

有時我們可能是無意間隨便扯了一個很瞎的理由，不管目的為何，但只要趕緊承認，還不至於失去人們的信賴。就怕一錯再錯，當謊言累積到一定程度，只要有一天謊言被戳破了，便會造成人格上很大的污點，到時更加難以收拾。

犯錯時的恐懼恐怕不會比說謊被拆穿的壓力還來得大。極力想掩飾錯誤，反而讓人更心虛，時時刻刻提心吊膽著，才是最折磨人的。何不乾脆承認錯誤，你得到原諒的機會還比較大。人們會極力想掩飾自己的錯誤，很多時候可能來自於面子問題，不想當下面對被拆穿的尷尬，於是用「最容易」的方式去解決。無形間為自己埋下了另一顆「未爆彈」，反而越掩飾越糟糕。

有人會認為：「一旦我承認自己是錯的，那不是顯得我很弱嗎？」其實認錯並不是懦弱的表現，有時我們的擔心不過是自己過度的揣測，當你越害怕負面效應的產生，反倒讓自己成為一個真正軟弱的人。

有錯誤的話，糾正過來就好了，當你認錯時代表仍願意去彌補、改進，也是自我成長的一大步，是一種成熟的表現。

承認自己的缺點，才能在反省過程中修正自己，讓自己成為更好的人。一個不懂得反省的人，永遠只會在原地繞圈圈，使同樣的錯誤一犯再犯，無法跨越那道障礙。

“犯錯不是最大的問題，不敢勇於承認，並去修正它才是最大的問題。承認錯誤才能改善自己的缺點，在下次面臨同樣的難題時，才能從容應對。”

學會傾聽

會讓我們跟別人產生緊張的關係，很大一部分來自於對彼此的不了解，你不知道對方想要的，對方也不懂你在想什麼，於是各持己見，造成關係的僵化乃至對立，這都是一種人際關係上的壓力來源。

我們常常會聽到有人說：「我又不是你肚子裡的蛔蟲！」的確，即使是住在同一個屋簷下的家人，都未必能猜出所有人的心聲，更何況來自不同身分、背景的人呢？

畢竟每個人有自己的個性、經歷，會有各種不同的想法。很難把所有人放進同一個框架內，也因此碰到跟自己不同意見的人，那是很正常的事。若只因為不同意見，就隨便亂下斷語，去指責對方，那麼只是在製造對立，永遠也難擁有和諧的人際關係。

人很多的爭執就來自於「誤解」，這是不可否認的。記得網路通訊軟體剛發達時，有一次聽朋友提起和老婆吵架的事。

原來他們是因為傳簡訊，傳著傳著就莫名其妙吵起來，等見面後才發現，兩人都誤解了訊息上的意思。講開了，兩人啞然失笑，也沒再把那件事情放在心上。

後來發現，不只那對夫妻有這樣的問題，好像不少朋友也常常因為訊息上表達的意思不完整，而發生莫名其妙翻臉的例子。

這就是一種表達上的失誤。不同的溝通方式，很容易曲解對方的原意。更何況是面對面的說話呢？小心斟酌自己說話的內容和語氣，才不會產生不必要的誤解。

除了溝通上可能產生的錯誤，一種強迫灌輸對方觀點的對話方式，也容易讓關係破裂。

現代人最常犯的錯誤，就是：希望別人聽你的，而你卻不想聽對方的。往往等自己說完話，就不想再聽別人講些什麼了。好像自己充分表達才是目的，不是想看看別人的反應。

急於受到認同所產生的壓迫感，是關係上的殺手。無論在家庭、朋友、兩性間的相處，經常可以發現這種狀況。

當然，每一個人都希望被肯定、得到贊同，不喜歡受到質疑、被批評，但人不可能不犯錯，如果在我們想法步入偏差時，有個不同的聲音來提醒我們，不也是一件好事嗎？所謂的「良藥苦口」就是這個道理。

可能剛開始我們會被那些「刺刺的」的建議，搞得不舒服，但過一段時間等你冷靜下來，或許會發現其中不無道理。因為人總是在情緒上來時，降低了智商，總是要等到事過境遷才能發現真理。

有些事情是可以挽回的，有些事情則是不能挽回，如果我們可以在任何場合平心靜氣，學會聽聽他人的說法，有時還可能挽救一場「災難」也說不定。

學會傾聽是一門學問，也是一種修養。從傾聽中讓我們更了解他人，也能從中學習。因為人都是有盲點的，有時我們也需要他人的提醒，才能修正自己的行為，不是嗎？

不要急於否定，如果那些聲音是好的，這也是學會溝通的第一步。

有些道理是越辯越明，有些真相不是你摀起耳朵假裝聽不到，它就不存在了。還不如敞開心胸，多聽聽不同的聲音，我們的世界反倒會因此海闊天空。

”

溝通的目的不是為了爭辨是非對錯，而是找出彼此的平衡點，學會理解對方，儘可能做到「不自以為」、「不誤以為」與「不真以為」，往往都能化解彼此的僵局。

“

承認失敗的勇氣

成功會帶來壓力，失敗更是一種壓力，但你會希望自己是處於哪種壓力來源呢？相信很多人都寧可選擇成功吧！

成功者的壓力往往來自於「高處不勝寒」，當一個人歷經萬難，終於爬到顛峰，終於享受到名利與掌聲的同時，唯一擔心的是自己是否能永遠維持下去，於是也會承受另一種壓力，但這個壓力伴隨而來的卻是甜美果實。

失敗卻完全不同。成功像是遙不可及的彼岸，像是一次又一次被海浪吞沒，重新再來需要花費加倍的力氣。重新點燃的希望，往往又被挫折打敗，這時的壓力是排山倒海而來。

沒有人想失敗，但失敗卻是很普遍的遭遇，即使成功者也是歷經許多失敗的考驗，但不同的是：面對失敗的態度。

有人在挫折中退卻，有人甚至跌得比以前更慘，甚至「一遭被蛇咬、十年怕草繩」，因此鬱鬱寡歡，失去了前進的動力。我們在失敗中感受到的壓力絕對不輕鬆，幾乎聽不到掌聲，只有責難。那種孤獨被遺棄的感覺，是跟站在高峰上完全不同的。

鄰居有位成績很好的小哥哥，一路考上明星學校，成為眾人羨慕的焦點。每當一群婆婆媽媽聚集時，這位小哥哥總是會被母親拿來炫耀一番，也讓我們這群功課不上不下的小鬼倍感壓力。

十多年過去了，這位鄰居哥哥頂著歸國學人的光環衣錦還鄉，卻很少看到他出現。聽說他都窩在家裡很少出門，仔細探問原因，原來是因為遇到經濟環境不景氣，他被海外的公司資遣了。

空窗期他想回台灣試試，好不容易應徵上助理教授一職，沒想到僅任職幾個月，就遇上學校停招、停辦。這對他而言是壓垮駱駝的最後一根稻草，他怎麼也沒想到看似這麼穩定的工作都碰壁，於是只好收拾行囊窩回老家，終日鬱鬱寡歡。

或許對於當年父母口中的驕傲，令人稱羨的優秀孩子，恐怕也難以預料到有這麼一天，這對於一向被吹捧慣的人是難以承受之壓力。

或許你會把失敗歸咎於運氣，認為都是我倒楣才會碰到這種事，怎麼同樣的衰事就不會發生在別人身上，偏偏是我呢？

面對挫折所採取的態度，決定我們的成功與失敗，當我們只會抱怨所遇到的事，其實也表示自己不願意面對現實。

把自己的失敗歸咎於他人、環境，似乎比較簡單，而檢討自己卻很難。因為當你開始檢討自己，也意味承認了自己的失敗，或是自己原來如此不足，這是需要很大的勇氣。但為了更好的將來，我們偶而也必須放下某部分的自尊，必須懂得低頭。這是許多一直以來高高在上的人，最需要克服的心理障礙。如果我承認失敗了，會不會被人瞧不起？要是我表現出來，那面子要往哪裡擺呀？

就那麼一個自尊心，往往讓人難以跨出那一步，彷彿是在欺騙自己，心想著如果我不承認的話，那就不算輸家。這往往是一個人失敗的主因，注定了真正輸家的命運。放下所謂的自尊，承認自己的錯誤，不叫失敗，而叫成長。

人最難的是接受與反省，接納現在面臨到的挫折，才能看清未來方向，知道該如何改善。一味逞強或逃避並不能改變什麼，反倒讓我們陷於泥沼之中，想翻身都很難。

我們與成功的距離其實不過是一步之遙。當你能反省自己的缺點，加以改善的話，與成功的距離就更拉近了一步。

“大多數的人習慣將錯誤拋給別人，為自己編織一個不得已的理由，欺瞞自己，可如果你有承認失敗的勇氣，承認自己的失敗，定能找出失敗的因由而重新站起來。”

斷開過度依賴，生命就有新的出路

現在很流行「媽寶」，其實除了媽寶，還可能是「爹寶」、「爺寶」、「婆寶」等等，正說明了我們對家庭依賴之深，甚至把自己全部的人生都交由家人去決定。說好聽一點是幸福，但「月有陰晴圓缺，人有旦夕禍福」，萬一哪天靠山倒了，你覺得自己還有站起來的力量嗎？

當然除了家庭之外，通常遇到可以倚賴的對象時，許多人也會抱緊不放。像是一種曖昧關係中「拿好人卡的朋友」，或是當你的長官很罩你的時候，那些可以幫你的同事朋友，再再都會養成我們依賴的心理。

人難免都有惰性，依賴性就是其一。試想看看，要是有人可以幫忙跑腿辦事，自己自然樂得過著飯來張口、茶來伸手的日子，這是一般人的通病。

大部分人都希望別人可以幫忙把事情辦得妥妥當當的，然後自己可以輕鬆過日子。如果你覺得這樣是很幸運的事，恐怕就是降低了你的危機意識，把自己「訓練」成一個無能的人了。

「小青，你下班時不是會經過便利商店嗎？順便幫我買東西吧！」

「欸，你這個東西蠻好用的，分給我一點吧！」

「待會兒順路載我一程吧！」

小青的公司就有這麼一號人物，每次當小青提起這個人，總是無奈的搖頭，而且待會兒還要替他送晚餐回去。

「你為什麼不拒絕呢？」

「怎麼拒絕呀？他可是老闆的兒子，要是他跑去跟老闆講幾句壞話，我不就完了！」小青苦著一張臉說。

「喔！原來如此啊！」

大夥恍然大悟。

小青雖然不得不幫忙，但卻是滿肚子怨氣，苦不堪言。

有時候我們是不是也會碰上這樣一號人物？或許對方偶而會施點小惠，也可能掌有某些權力，甚至是你所喜歡的對象，總是有些「強勢點」，讓人不得不聽命行事。對方卻洋洋得意，以為大家都心甘情願為他付出，卻不知道自己已經成為別人心中的「討厭鬼」了。

在生活中，難免會遇到這樣的人，說不出對方有什麼大缺點，但老愛這裡占一點便宜，那邊占一點便宜，偏偏這樣的人特別會裝可愛，讓人難以拒絕。

了解對方的人或許還會幫一下，但人不可能永遠都待在舒適圈，一旦工作的環境和人改變了，還依然能靠「那一套」通行無阻嗎？這可能要畫上很大的問號了。

依賴就是習慣把所有的壓力都推到別人身上，抱持著天塌下來有人頂著的心理，以至於越來越怠惰、不思進取，總希望有人為他鋪好路，自己可以像當皇帝一樣，凡事有人伺候著。

其實當我們在對旁人產生依賴時，可能也忽略了正替別人增加困擾，而且這樣的依賴性變得習慣之後，只會讓自己變成一個無能的人。

要獨立的第一步，首先就是要有凡事自己來的觀念。

不管是不是「順手之勞」，我們能不麻煩人家就盡量不要去麻煩，這不僅可以養成積極的行動力，也更能贏得他人的尊重。

當遇到問題時我們懂得不先求救而是自己嘗試解決，反倒能學得更多經驗和智慧，將來也不至於脆弱得不堪一擊，因為你已經培養出應付任何問題的能力了。

所謂「靠山山倒、靠人人跑」，不要輕易去依賴一個人，它會成為你的習慣，當分別來臨，你失去的不是某個人，而是你精神的支柱。唯有自己才是最可以信賴的。當你懂得自立自強，才有機會得到別人的助力，這兩者是倒過來的因果，也是決定成功與失敗的因果。

“越是習慣去依賴別人，反而越讓自己退化。在彼此之間拉開適當的距離、不互相牽制，學會獨立自主，你才不會在人生道路上迷失了方向。”

國家圖書館出版品預行編目資料

將就的日子，更要活成自己喜歡的樣子 / 徐竹著 · ——初版
——新北市：晶冠出版有限公司，2021.4
面；公分 · ——（時光菁萃系列 ；9）

ISBN 978-986-99458-7-5（平裝）

1. 修身　2. 生活指導

192.1　　110003191

時光薈萃　09

將就的日子，更要活成自己喜歡的樣子

作　　者　徐竹
行政總編　方柏霖
副總編輯　林美玲
特約編輯　謝函芳
封面設計　王心怡
出版發行　晶冠出版有限公司
電　　話　02-7731-5558
傳　　真　02-2245-1479
E-mail　ace.reading@gmail.com
部 落 格　http://acereading.pixnet.net/blog
總 代 理　旭昇圖書有限公司
電　　話　02-2245-1480（代表號）
傳　　真　02-2245-1479
郵政劃撥　12935041 旭昇圖書有限公司
地　　址　新北市中和區中山路二段352號2樓
E-mail　s1686688@ms31.hinet.net
旭昇悅讀網　http://ubooks.tw/
印　　製　福霖印刷有限公司
定　　價　新台幣260元
出版日期　2021年4月 初版一刷
ISBN-13　978-986-99458-7-5